Stefania Belloni

STÄDTE ITALIENS

LUCCA

REISEFÜHRER MIT STADTPLAN

D1726447

Herausgegeben und gedruckt von

NARNI - TERNI

LUCCA IM LAUFE DER JAHRHUNDERTE: Stadtbild und Geschichte

Lucca ist eine der wenigen Städte, deren Strassen und Plätze man zu Fuss entdecken kann, da ihre Geschichte untrennbar mit den städtebaulichen Veränderungen verbunden ist, die ein aufmerksamer Beobachter sehr gut herausfinden kann. Überall können wir ein Kapitel ihrer Geschichte lesen: Ihre Stadtmauern, ihre Kirchen, die Gassen, die Häuser, Via Fillungo, die sich durch die Stadt zieht, all dies erzählt von ihrer Vergangenheit, wenn man es nur aus der Nähe beobachten will.

Die Stadt und ihr Ursprung verlieren sich in grauer Vorzeit, wenn man bedenkt, dass in diesem Gebiet menschliche Siedlungen gefunden wurden, die aus der Steinzeit datieren; die eigentliche Stadtgründung verdanken wir aber den Ligurern, dann den Etruskern und schliesslich den Römern, die hier im 3.Jh.v.Chr. Befestigungen bauten.

180 v.Chr. wurde die Stadt römische Kolonie, ihr Schutzbereich erstreckte sich über ein vorwiegend von apuanischen Ligurern besiedeltes Gebiet. Als strategischer Kreuzungspunkt zahlreicher Strassen wie der Via Cassia, der Via Aurelia und der Via Clodia erlangte sie erhebliche Bedeutung. Aus dieser Zeit hat die Stadt ihre geometrische, schachbrettartige Planimetrie beibehalten, das Forum, das im Kreuzungspunkt des "Cardo maximus" und des "Decumanus maximus" liegt, wo heute die Kirche San Michele steht, und das Amphitheater, auf dessen Fundamente alle Häuser der darauf folgenden Epochen in diesem Teil der Stadt gebaut wurden.

Während der Völkerwanderung war Lucca ein wichtiges militäri-

sches Zentrum und Verkehrsknotenpunkt. Die Goten widerstanden lange Zeit einer Belagerung der oströmischen Truppen, die Langobarden erhoben sie schliesslich zur Hauptstadt Tusciens und sie blieb es auch nach der karolingischen Umgliederung, die die Toskana im 9.Jahrhundert in eine Markgrafschaft verwandelte.

Nach langem, hartem Befreiungskampf von der Feudalherrschaft wurde sie 1162 von Friedrich I endlich als freie Stadt anerkannt. Durch die Beteiligung an den Kreuzzügen mehrte sie ihr erneuertes Ansehen und im 13.Jahrhundert erlebte sie aufgrund reger Handelsbeziehungen und Bankgeschäfte, die sie nicht nur mit europäischen Ländern, sondern auch mit dem Orient unternahm, eine Blütezeit wirtschaftlicher Prosperität und Wohlstand. Ausserdem war Lucca damals unbestrittenes Zentrum der Herstellung und Verarbeitung von Seidenstoffen.

Von dieser Blütezeit zeugen unzählige Häuser, die damals aus rohen Backsteinen gebaut wurden, jedes mit seinem Geschlechterturm, gekrönt von Steineichen, mit Zwei-und Dreibogenfenster geteilt von kleinen, weissen Marmorsäulen, die auf wuchtigen Steinpfeilern ruhend sich in Bogengänge gliederten und zum Portikus wurden. In dieser Zeit entstanden die sogenannten casa-torre, mächtige Trutzburgen, da man die Wohnhäuser wegen der engen Gassen und des Häusergewirrs nun in die Höhe baute. Zeichen dieser wirtschaftlichen Hochblüte sind die wichtigsten Kirchen der Stadt: San Martino und San Michele wurden mit prächtigen romanischen Fassaden versehen und erweitert.

Der grosse Wohlstand der Stadt wurde aber bald durch innere Rivalitäten, d.h. der einzelnen Familien untereinander, und durch

Kämpfe gegnerischer Gruppen gemindert. (zwischen Guelfen und Ghibellinen, "Weissen und Schwarzen"). Später wurde die Stadt von verschiedenen Fürsten regiert: Uguccione della Faggiola, und später, 1316 von Castruccio Castracani, der während seiner Herrschaft das Gebiet der Lunigiana und die ganze westliche Toskana von Pistoia bis Volterra an Lucca anschloss. Nach langen, erbitterten Fehden mit Pisa geriet sie unter seine Herrschaft. Erst 1369 erhielt Lucca unter Kaiser Karl IV von Böhmen ihre Freiheit wieder.

In den ersten 30 Jahren des 15.Jahrhunderts wird sie vom Adligen Paolo Guinigi regiert. Von seiner Herrschaft zeugen grossartige Bauwerke wie der Palazzo Guinigi in der Altstadt und die Villa Guinigi, einst ausserhalb der Mauern und heute Sitz des Nationalmuseums, und schliesslich ein von Jacopo della Quercia ausge-

führtes Meisterwerk der Bildhauerkunst des 15.Jahrhunderts, das Grabmal seiner Frau Ilaria del Carretto, das sich im Dominneren befindet.

Nach dem Sturz des Guinigi ergeben sich für die Republik Lucca wiederkehrende Gefahren aus dem wachsenden Druck vom mächtigen Florenz her. Trotzdem kann sie im 15. und 16. Jahrhundert ihre Machtposition ausbauen. In dieser Epoche widmete sich die Stadt mit besonderer Sorgfalt der Erhaltung ihrer Unabhängigkeit, indem sie eine neue Stadtmauer anlegte, die Angriffen besser zu widerstehen vermochte. All dies führte jedoch zu einer Isolierung der Stadt, das Handelsbürgertum zog sich aus den Handels - und Bankgeschäften zurück, um in der Landwirtschaft zu investieren. Da sich das wirtschaftliche Leben hauptsächlich innerhalb der Grenzen des eigenen Territoriums abspielt, erfährt die

Stadt im 16.Jahrhundert intensive bauliche Veränderungen: der Bau der grossen Stadtpaläste verändert vollständig das Stadtbild, während auf dem Lande zahlreiche Villen gebaut werden.

Es finden radikale Veränderungen statt: die Häuser werden zu Häuserinseln zusammenverbaut, die Geschlechtertürme teils oder ganz abgerissen, und an ihrer Stelle entstehen die neuen Paläste, ganz nach dem damaligen Geschmack und Vorbild der emilianischen und florentinischen Architektur. Alle grossen Familien erneuern ihre Stadtpaläste; sie behalten jedoch ihre Lage innerhalb der Stadtwälle bei, als Zeichen der Geltung und Macht ihres Geschlechts.

Während des ganzen 17. und fast des ganzen 18.Jahrhunderts betrieben die Luccheser eine geschickte Politik im Schatten der damaligen europäischen Grossmächte, als die alte, aristokratische Republik dann am 22.Januar 1799 sich ohne Widerstand zu leisten, den napoleonischen Truppen ergibt. In den darauffolgenden 12 Jahren, in denen Napoleon das neugegründete Fürstentum Lucca seiner Schwester Elisa, der Gemahlin Felice Baciocchis, übergibt, erfährt das Stadtgepräge beachtliche Veränderungen: Viele religiöse Bauwerke werden für öffentliche Einrichtungen und für die Verwaltung benützt, und der Palazzo Pubblico, einst Sitz der "Governatori Anziani" (Sitz des "Ältestenrats") wird zur Residenz der Familie Baciocchi, die vor dem Palazzo die grosse Piazza Napoleone anlegen liess.

Nach dem Zusammenbruch des napoleonischen Reiches 1814 verliessen die französischen Truppen die Stadt und im Zuge des Wiener Kongresses wurde Lucca Maria-Luisa Bourbon-Parma zugeteilt. Von 1817 bis 1847 erlebte das kleine Herzogtum sowohl einen kulturellen als auch städtebaulichen Aufschwung, die Anwesenheit des Hofs weckte die Stadt aus ihrer kleinstädtischen Verschlafenheit, in der sie bisher gelebt hatte. Aus dieser Zeit stammen die vom Architekten Lorenzo Nottolini durchgeführten Veränderungen bei der Anordnung der verschiedenen Stadtviertel und Plätze der Stadt, sowie bei der Gestaltung der reizvollen Promenade auf den Wällen. Auch der Sohn Maria Luisas, Karl Ludwig, führte diese Umwandlungsarbeiten fort und setzte sich für die Verschönerung einiger Fassaden und andere Verbesserungen ein, wie z.B.für den Bau des Aquädukten von Guamo, auch ein Werk des Architekten Lorenzo Nottolini, und für die Eindämmung des Serchio-Flusses. Als Lucca dann 1847 dem Grossherzogtum Toskana angegliedert wurde, war das ein harter Schlag für ihr ohnehin schon angeschlagenes Gleichgewicht, zu lange hatte sie abgeschlossen und nur auf den eigenen Hof konzentriert, gelebt. Als Teil eines grösseren Staates hatte sie keine genau definierte Rolle mehr und so lebte sie praktisch sich selbst überlassen - auch im Hinblick auf die baulichen und öffentlichen Veränderungen - dahin bis zum Anschluss an das Königreich Italien.

DIE STADTMAUERN UND TORE LUCCAS

DIE MAUERN ZUR RÖMERZEIT

Zur Römerzeit bestand die Befestigungsanlage Luccas aus einem viereckigen, 8-9 m hohen Wall mit regelmässig angelegten Kalksteinblöcken. Von dieser ersten Stadtmauer sind nur wenige Reste übrig, sie sind an der Kirche S.Maria della Rosa - innen und aussen - erkennbar. Die vier Stadttore waren das Osttor, später Tor S.Gervasio genannt, das in Richtung Florenz/Rom blickte, das Nordtor oder Tor S.Frediano in Richtung Via Clodia oder Via Cassia nach Parma, das Westtor oder Tor S.Donato in Richtung der Strasse nach Luni und das Südtor, später Tor S.Pietro genannt in Richtung Pisa. Jedes dieser vier Tore hatte aus Sicherheitsgründen auch ein Schlupftor, d.h. einen versteckten Notausgang.

DIE MITTELALTERLICHEN MAUERN

Ein zweiter mittelalterlicher Mauerring wird im 12.- 13.Jahrhundert angelegt und umfasst die Viertel S.Maria Forisportam, S.Pietro Somaldi und San Frediano. Er bestand aus regelmässigen Reihen rechteckiger, circa 11-12 m hoher Steinquader; diesen Wall schützten seitlich Zinnentürme mit einer Zugbrücke und einem grossen Holztor. Von diesen vier funktionierenden Toren sind nur das Tor S.Gervasio (oder Tor Annunziata) mit seinem einzigen hohen Bogen und das zweibogige Tor S.Maria dei Borghi übrig geblieben. Diese grossartigen Reste der Stadtmauer zeugen von der Blütezeit der Gemeinde Lucca im Mittelalter, vom Reichtum, den Handel und Handwerk, die Banken und die Seidenverarbeitung erzeugten. Eine dritte Stadtmauer wurde später, zu verschiedenen Zeiten nach Plänen und Modellen mehrerer Architekte angelegt, die jedoch nur den Umfang der Stadtmauer, der heute noch der gleiche ist, erweiterten und im Süden und Westen grosse, runde Wehrtürme errichten liessen.

DIE STADTMAUERN VOM 16.JAHRHUNDERT BIS HEUTE

Vom 16.Jahrhundert an setzte sich die Republik tatkräftig für die Finanzierung weiterer notwendiger Befestigungswerke ein - viele Beiträge kamen auch von den Bürgern - deren Arbeiten von dem eigens im Jahre 1518 eingerichteten "Amt für Befestigungsanlagen" geleitet wurden. Eine grosse Anzahl von Ingenieuren begann mit den ersten Arbeiten, ohne dabei einen einheitlichen Bauplan zu erstellen; deshalb ergaben sich im Vergleich zum schon entworfenen Projekt beträchtliche Veränderungen. Erst gegen Ende des 16.Jahrhunderts verlieh eine andere Gruppe von Ingenieuren den Mauern ihr heutiges Aussehen, und zwar mit den typisch italienischen Bollwerken. 1645 war der Befestigungsring fast fertig, mit dem letzten Schliff der Arbeiten aussen wurde Paolo Lipparelli beauftragt, und die ganze Anlage wurde schliesslich 1650 vollendet. In ihrer seither endgültigen Form haben die Mauern eine Länge von 4,2 km. Sie setzten sich aus elf Zwischenwällen und zehn vorspringenden Bollwerken zusammen, eine Ausnahme bildet die Plattform S.Frediano. Die weit über die Zwischenwälle hinausragenden Bollwerke haben unterirdi-

Die Stadtmauern.
Porta San Pietro.

sche Räume für die Aufbewahrung von Munition und Vorräten, in die man über eine Rampe von der in der Stadt gelegenen Seite der Mauer gelangte oder über eine direkt mit den Bollwerken verbundene Wendeltreppe. Vor den Mauern erstreckte sich ein mächtiges Verteidigungswerk: Es bestand aus einem 35 m breiten Graben, einem Erdwall, der die Strasse vor den Mauern schützte und 12 "Halbmonden" mit gemauertem Unterbau (auf der Nordseite sind noch zwei davon zu sehen). Die Stilunterschiede bei den Toren sind gut verständlich, wenn man berücksichtigt, dass die Baumeister verschiedenen Schulen angehörten und dass sie nicht zur gleichen Zeit erbaut wurden.

Die *Porta San Pietro*, ein Projekt von Alessandro Resta, wurde 1566 beendet; dieser liess über dem Bogen ein Bild vom hl.Petrus und ins Bogenfeld darüber das Wappen der Republik mit dem Spruch "Libertas" anbringen. Die seitlichen Eingänge wurden 1864, also viel später, angefügt.

Die *Porta Santa Maria*, ein Tor mit nur einem Bogen, entstand nach dem Entwurf von Ginese Bresciani 1593, der es mit einer Madonna mit Kind - Marmorgruppe verzierte. Seitlich davon zwei Panther, die das Wappen von Lucca halten; auf ausdrücklichen Wunsch des Senats sollten sie die vom Projekt vorgesehenen Löwen ersetzen.

Die zwei seitlichen Bogen wurden erst vor kurzem geöffnet.

Mit dem Bau der *Porta San Donato* begann Muzio Oddi später, und zwar erst 1629. Die in Mauerwerk gebaute Struktur ist mit eleganten Bändern und Marmorfeldern versehen. An dieser Stelle wurde die Stadtmauer weiter hinausgerückt, deshalb

steht sie im Vergleich zum ursprünglichen Tor viel weiter vorne. Das von Vincenzo Civitali 1598 erbaute älteste Tor steht nun isoliert in der Mitte von Piazzale Donato.

Das vierte Tor, *Porta* Elisa wurde von Elisa Baciocchi, der Schwester Napoleons 1804 im neoklassischen Stil erbaut, um die Ostseite der Stadt zu öffnen, genau dort wo früher der "Decumanus maximus" verlief; dieser war aus Verteidigungsgründen im 16.Jahrhundert gekürzt worden. *Porta Sant'Anna und Porta San Jacopo*, die anderen zwei Tore entlang der Mauern sind jüngeren Datums.

Sonderbarerweise haben die Mauern Luccas nie zu Verteidigungszwecken gegen Feinde gedient, der einzige, gefürchtete Feind war der Serchio - Fluss, dessen denkwürdiges Hochwasser die Stadt 1812 zu überschwemmen drohte. Die mächtigen und stabilen Tore wurden hermetisch verriegelt und somit blieb die Stadt auf dem Trockenen.

Unter den Bourbonen, in der ersten Hälfte des 19. Jahrhunderts wurde der königliche Architekt Lorenzo Nottolini von Maria Luisa von Bourbon mit der Umwandlung der Mauern in einen öffentlichen Park beauftragt. Nottolini, bekannt für seinen guten Geschmack und seine Schlichtheit, verwandelte den ganzen Mauerring in eine schattige Promenade. Die uralten, schattigen Bäume und die einzigartigen Ausblicke - im Süden auf die Monti Pisani, im Westen auf die Apuanischen Alpen, Bagni di Lucca und den Appenin, im Norden auf die Berge der Garfagnana und im Osten auf die berühmten Luccheser Villen - machen diese Promenade so attraktiv, dass man sie keinesfalls missen sollte.

Porta Santa Maria.
Detail der Porta Santa Maria - Panther mit dem Wappen Luccas.

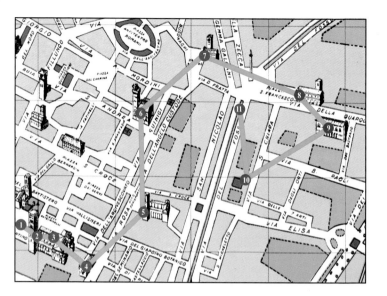

1) PIAZZA S.MARTINO

Die grosse, weite Piazza S.Martino und die angeschlossene Piazza Antelminelli bilden mit den stattlichen Stadtpalästen ringsum und dem Brunnen eine harmonische, eindrucksvolle Einheit.Viele verschiedene Baustile kann man hier finden: *Palazzo Bernardi* (auch *Palazzo Micheletti*), nach einem Entwurf von Ammanati aus1556, stellt ein schlichtes und einfaches Beispiel des frühen Manierismus dar. Das *Casa dell'Opera del Duomo* (das Museum der Dom-Opera) aus dem 13.Jahrhundert ist dagegen ein perfektes Beispiel des lucchesischen mittelalterlichen Baustils. Die Häuser waren aus verschiedenem Baumaterial errichtet, hatten Bogengänge aus Stein, die Rundbogen wiesen Triforien auf. Der schlichte Brunnen, von Lorenzo Nottolini 1832 entworfen, besteht nur aus einem einfachen, runden Becken und fügt sich harmonisch ins Gesamtbild ein.

2) DER DOM

Der Dom oder auch St.Martinskirche genannt, ist sicher das geistige Zentrum der Stadt. Durch die lange Umbautätigkeit im Laufe der Geschichte weist der Dom mehrere Stilelemente auf, die vom ursprünglichen Projekt abweichen; die Baugeschichte kann man gut verfolgen, da ja die Bauschichten selbst infolge mehrerer Umbauarbeiten während der einzelnen

Der Dom.

geschichtlichen Epochen sie gut veranschaulichen; solchen verschiedenen Bauschichten kann man an vielen Bauten Luccas begegnen. Den Baukern verdanken wir dem hl.Frediano aus dem 6.Jahrhundert. Er hatte sich ein grossartiges Bauwerk vorgestellt, das er dem hl. Martin widmen wollte; leider können wir diese erste Kirche nur mehr erahnen, da sie nach ihrer Erhebung zum Bischofsitz vom 8.Jahrhundert an immer wieder umgebaut und erweitert wurde. Der erste Neubau wurde von Papst Alexander II begonnen; dieser wollte wieder bei den Fundamenten beginnen, um so eine fünfschiffige Anlage zu bauen. Bei der Weihung der Kirche 1070 war Mathilde von Canossa anwesend. Auch von den Arbeiten dieser Epoche sind nur mehr wenige Reste erhalten.

Die Umbauarbeiten vom 12.-13.Jahrhundert sahen eine einfache, romanische Struktur vor, während Neuerungen im 14.-15.Jahrhundert dem Bau gotische Stilelemente verliehen.

DIE FASSADE

Die romanische, asymmetrische Fassade aus Marmor, die in ihrer nach oben abgeschrägten Form und in den vielen kleinen Säulen an die Kathedrale von Pisa erinnert, wurde auf eine ältere aus dem 11.Jahrhundert errichtet. Sie stammt vom Bildhauer Guidetto da Como (1204), so die Inschrift in einer der oberen kleinen Säulen. Die Gestaltung der Säulen ist anders als beim pisanischen Modell. Hier sind sie anders gemeisselt: Sie sind spiralförmig gedreht, haben Flechtbandmotive, Fischgrätmuster oder sind weiss-grün schachbrettartig verziert. Weitere Dekorelemente sind Wappen, Rosetten, Tier-oder Pflanzenskulpturen, die den Teil über den Blendbogen zieren und die das berühmte Lucche-

---

WIE MAN DIE GESCHICHTE EINER KIRCHE "RICHTIG LIEST"

Die Geschichte einer Stadt, ist für denjenigen, der sie zu lesen versteht, in die Mauern ihrer Kathedrale geschrieben. Die Kathedrale ist für eine Gemeinschaft vom grosser historischer Bedeutung: Die Schiffe, die Altäre und Wände werden zum Gedenkstein grosser Taten vieler Bürger der Stadt; sie ist auch Grabstätte bedeutender Persönlichkeiten, Heiliger und grosser Künstler, die in der Stadt lebten und ihre Genialität der Nachwelt hinterlassen. Ausserdem birgt sie die wertvollsten Kunstwerke, die von Künstlern der Stadt geschaffen oder von Reisenden aus fernen Ländern mitgebracht werden. Die künstlerische Schaffenskraft und die Tüchtigkeit einer Gemeinschaft zeigen sich im Inneren einer Kirche. Deshalb kommen in den Darstellungen und Verzierungen nicht nur Themen der heiligen Schrift vor, sondern auch Allegorien und symbolische Darstellungen, die an Legenden, Traditionen und Bräuche der Stadt erinnern. Jede Besonderheit und jedes Merkmal einer Stadt wird festgehalten, und veredelt, weil es sich an einem heiligen Ort befindet. Beim Versuch, die Bedeutung der Kathedrale für seine Bürger zu verstehen, muss man sich vergegenwärtigen, dass sie der Ort ist, wo sich Individuum und Gemeinschaft mit Gott vereinen, und so ein Monument der Gemeinschaft im wahrsten Sinne des Wortes ist, da sie ja ein Ausdruck genau jener Gemeinschaft und seiner Geschichte ist. Gerade eine romanische Kathedrale ist nur selten Ausdruck und Werk einer einzigen Generation, da sie ja als fixer Bestandteil zur Geschichte der Stadt gehört: sie beschränkt sich nicht nur auf die Gegenwart, sondern ist auch eng mit ihrer Vergangenheit verbunden und mit der Zukunft, die sie vorbereitet. Als eindeutiger, gemeinschaftlicher Ausdruck der Gesellschaft wird ein Sakralbau - vollendet oder unvollendet - der nächsten Generation als Erbe überlassen, damit die Nachfolger ihm ihren eigenen Stempel aufdrücken können. Einen einheitlichen Stil in einer Kirche zu finden ist also nebensächlich; eher wird man in den Werken so vieler beteiligter Künstler ein Gefühl der Kontinuität und der Zusammenarbeit entdecken können, die in Jahrhunderte langer Arbeit ihren Beitrag zum Wachsen der Gemeinschaft und seinem Symbol geistigen und weltlichen Lebens im Einklang mit dem Werk der Väter leisteten.

Piazza San Martino vom Portikus des Doms aus gesehen - Vorne das Dom-Opera Museum aus dem 13.Jahrhundert.

ser Stoffhandwerk damit inspirierten. Das Obergeschoss ist unvollendet, es fehlen eine Zwerggalerie und ein Giebelaufsatz, die noch hinzu kommen hätten sollen. Wäre sie vollendet worden, dann hätte sie eine der Kirche San Michele ähnlichen Bau gehabt und die Fassade wäre grösser als der ganze Baukörper gewesen.

Der Oberbau ist in 3 Reihen Zwerggalerien geteilt, 3 Bogen bilden den Portikus im Erdgeschoss, der hübsche Licht- und Schattenkontraste schafft und als typisch lombardisches Stilelement der Fassade Tiefe und Schwung verleiht.

Der Bogen rechts ist im Vergleich zum linken merklich schmaler, da ja vorher bereits der Campanile vorhanden war.

Hier befindet sich auf einer Konsole die Gruppe St. *Martin zu Pferde mit dem Bettler*, ein Zementabdruck, dessen Original im Dominneren zu sehen ist.

DIE VORHALLE IM PORTIKUS

In der Vorhalle über den drei Portalen fallen sofort drei Tympana auf: über dem Hauptportal eine *Himmelfahrt* von einem lombardischen Meister, der im 13. Jahrhundert in Lucca arbeitete und dem wahrscheinlich auch die Darstellung des *Martyrium des hl. Regulus* im rechten Tympanon und der Architrav zugeschrieben werden, in dem man den *Streit des hl. Regulus* sieht. Der Archtrav des Hauptportals zeigt hingegen *Maria und die Apostel* und stammt von Gui-

Tafeln mit Darstellungen aus der Martins-Legende und die Monate.

do Bigarelli, der auch mit der architektonischen Gestaltung der Vorhalle und der Verzierung der Portale beauftragt wurde. Im linken Tympanon ein wahres Meisterwerk: die *Grable-*

In der Vorhalle des Portikus ein Labyrinth, die lateinische Inschrift erinnert an die Dädalus-Sage.

gung von Nicola Pisano. Der aus Apulien stammende und in der ersten Hälfte des 13.Jahrhunderts in Lucca schaffende Bildhauer hatte schon die verbindlichen Neuerungen der Gotik übernommen und diese Arbeit gab ihm Gelegenheit, vollkommen innovativ zu arbeiten. Seine Bildkunst trägt starke gotische Züge, die sich in einer neuen Wirklichkeitsauffassung bei heiligen Themen äussert. So kann man die leidenden menschlichen Züge der Figuren interpretieren, die durch eine stark geriefte Technik gut zum Ausdruck kommt, damit die Tragik des Ereignisses verdeutlicht und mit den gebeugten Körpern die dramatische Szene noch verstärkt, so als würden sie durch die Bogenbiegung erdrückt. Von ihm sind auch der Architrav unter dem

Hauptportal mit einer Christi Himmelfahrt und 2 Engeln in der Lünette von einem lombardischen Meister, 13. Jahrhundert. Der Architrav zeigt die 12 Apostel und die hl. Jungfrau.

Tympanon, in dem eine *Verkündigung*, eine *Geburt Jesu* und eine *Anbetung der Könige* zu sehen sind.

Seitlich des Hauptportals in einem Feld Reliefs aus der *Martins-Legende* und darunter eine Darstellung der Monate und der Tierkreiszeichen, höchst wahrscheinlich auch ein Werk des lombardischen Meisters. Am Vorhallenpilaster rechts am Campanile ist ein Labyrinth eingemeisselt: die lateinische Inschrift besagt, dass aus dem von Dädalus auf Kreta gebauten Labyrinth, keiner den Ausgang findet, ausser Theseus der Grieche, dank des Fadens der Ariadne.

DAS INNERE

Das Innere des Doms birgt einen wahren Schatz an kostbaren und bedeutenden Kunstwerken. Ausserdem ist er die einzige Kirche Luccas mit einer Gewölbedecke, während fast alle anderen eine Holzdecke besitzen. Der Baukörper - zwar noch stark romanisch, aber auch mit einigen gotischen Elementen - zeigt ein dreischiffiges Langhaus und ein zweischiffiges Querhaus mit einer halbkreisförmigen Apsis. Der Fussboden besteht aus weissen, grün gestreiften Marmorfeldern. Der Einfluss des gotischen Stils, der sich gegen Ende des 14.Jahrhunderts immer stärker durchsetzte, ist vor allem an der Gestaltung der sich zu spitzbogigen Triforien öffnenden Emporen erkennbar, die bis zum Querschiff verlaufen. Gleich am Eingang rechts steht die Marmorgruppe *St. Martin zu Pferde* mit *dem Bettler* aus dem 13.Jahrhundert, die dem lombardischen Meister zugeschrieben wird. Erwähnenswert sind die zwei hübschen Weihwasserbecken von Matteo Civitali (1498) in der Nähe der zwei Pfeiler, die das Hauptschiff abgrenzen. Von ihm stammt auch die Kanzel und die prachtvollen Einlegearbeiten im Fussboden in weissem und grünem Marmor, deren geometrische Formen wunderbar den Raum der Schiffe einteilen.

Im rechten Seitenschiff befindet sich über dem zweiten Altar eine *Anbetung der Könige* von Federico Zuccari, am dritten Altar kann man ein eindrucksvolles Werk des Tintoretto bewundern, das durch seine Farbenpracht und den Gegensatz von Hell und Dunkel besticht: *das letzte Abendmahl*, das er 1590 eigens für diesen Altar malte. Die

---

Eindrucksvolle Innenansicht des Doms.

ungewöhnliche Perspektive, die erhöhte Position Jesu und die sich um ihn drängenden Figuren der Apostel verleihen dem ganzen Werk einen ungeheuer drammatischen Ausdruck.

Im rechten Querschiff schuf Matteo Civitali 1479 sowohl das *Grabmal des Domenico Bertini*, ein bekannter Mäzän aus Lucca, als auch 1472 das *Grabmal des Pietro di Noceto*, dessen Wert - Dokumenten zufolge - von Antonio Rossellino auf 450 Golddukaten geschätzt wurde. Die zwei feinen Engel in der nahen Sakramentskapelle stammen ebenso von M.Civitali. Den monumentalen *Grabaltar des hl.Regulus* am Ende des rechten Seitenschiffs schuf er 1484.

An beiden Seiten des Presbyteriums sind die Reste der alten Chorschranken aus der Civitali-Werkstatt zu sehen, sie sind aus Porphyr und Serpen-

---

Dom - eine Skulptur St.Martin zu Pferde mit dem Bettler aus dem 13. Jahrhundert, wahrscheinlich von einem lombardischen Meister.

tin. Der Chor des Presbyteriums stammt aus dem 15.Jahrhundert und wird Agostino Marti zugeschrieben; die Fresken in der Apsis sind aus dem 17.Jahrhundert und die Glasfenster von Pandolfo di Ugolino. Im linken Seitenschiff steht der *Freiheitsaltar*, er wurde zur Erinnerung an die Befreiung Luccas vom Pisaner Joch (1369) geschaffen, und um den Ruhm der Stadt zu feiern. In der Pre-della ein Giambologna-Relief aus dem 16.Jahrhundert, das ein Stadtbild mit den neuen Stadtmauern zeigt. Über dem aus der Schule des Giambologna stammenden Altar eine eindrucksvolle Statue eines *auferstandernen Christus* (1577-1579), bestimmt vom Künstler selbst geschaffen, während die zwei Statuen an der Seite, ein *hl. Petrus* und ein *hl. Paulus*, aus seiner Schule stammen.

Letztes Abendmahl von Tintoretto, um 1590 - Am 3.Altar rechts.

In der Cappella del Santuario ist ein beachtliches Werk des Domenikanerpaters Fra' Bartolomeo della Porta: *eine Madonna auf dem Thron mit Kind und die hhl. Stefan und Johannes der Täufer* (Beginn 16.Jahrhundert). Beachtlich sind die reine Strichführung und die kräftigen Farben, die stille Unbeweglichkeit der Figuren erfüllt den Betrachter mit einem Gefühl des Friedens und gelöster Ruhe.

Ein Meisterwerk der Bildhauerkunst ist das *Grabmal der Ilaria del Carretto*, das in der Mitte des Querschiffs war, von Jacopo della Quercia, der es im Auftrag des luccheser Herrschers Paolo Guinigi, der Gemahl der Verstorbenen, um 1406 schuf. Von 1995 ist das Grabmal in der Sakristei.

Von ebenso grosser Bedeutung für die Geschichte der Stadt ist der *Tempietto del Volto Santo* in der Mitte des linken Seitenschiffs, ein achteckiges Marmortempelchen mit roten Porphyrplatten, 1484 von Matteo Civitali geschaffen. Es enthält das berühmte *Volto Santo*, das

Cappella del Santuario - Thronende Madonna mit Kind und die hhl. Stefan und Johannes der Täufer von Fra' Bartolomeo della Porta, 1509.

"Heilige Antlitz", ein Holzkruzifix (es wird auch "Heiliges Kreuz" genannt). Die Christusfigur ist aus vielfarbigem Holz, der Zahn der Zeit und der Kerzenrauch haben die verschiedenen Farben des Holzes jedoch leider fast unkenntlich gemacht. Nach der Legende soll es der hl.Nikodemus mit Hilfe eines Engels aus dem Holz einer Libanonzeder geschnitzt haben. Dann wurde es während der Christenverfolgungen versteckt. Erst viel später soll es in ein Boot gelegt und dem offenen Meer anvertraut worden sein. Auf abenteuerlichen Wegen - man spricht sogar von heil überstandenen Piratenangriffen - soll es bis ins Mittelmeer gelangt sein, wo das Boot dann an der Küste bei Luni gestrandet sein soll. Da es durch Zufall an diesem Ort angelangt war, beschlossen seine Entdecker,

Detail des Heiligen Antlitzes, ein mittelalterliches Kruzifix, geschnitzt vom hl.Nikodemus aus dem Holz einer Libanonzeder.

seinen endgültigen Platz wieder dem Zufall zu überlassen. Ein Ochsengespann soll es unbeeinflusst nach Lucca gebracht haben, wo man es auch wegen seiner zahlreichen Wunder hoch verehrte. Es gibt auch eine andere, weniger "romantisch ausgeschmückte" Version über die Geschichte des Kruzifixes. Papst Alexander II soll in der zweiten Hälfte des 11.Jahrhunderts im Zuge der von ihm befürworteten Kirchenerneuerung einen lombardischen Meister damit beauftragt haben. Diese zwei gegensätzlichen Versionen haben jedoch einen Punkt gemeinsam: Einige Dokumente sprechen von einem viel älteren, "Heiligen Antlitz" unbekannten Ursprungs, das sich vor dem damaligen in S.Martino befunden hätte. Jedes Jahr im September wird das "Heilige Antlitz" in einer

Tempietto del Volto Santo.

feierlichen Prozession von San Frediano bis San Martino durch die Stadt getragen.. Bei dieser Gelegenheit wird das Kruzifix mit prächtigen Messgewändern des traditionsreichen Luccheser Textilhandwerks aus dem 14.und 17.Jahrhundert geschmückt. Der Altar vor dem Tempietto del Volto Santo bewahrt eine Darstellung von *Maria im Tempel* aus 1598 auf. Beim Verlassen der Doms sollte man noch unbedingt einen Blick auf ein Fresko werfen, das sich an der Fassadeninnenseite befindet. Es handelt sich um ein Werk Cosimo Rosellis und es zeigt einige der bedeutendsten Episoden der *Legende des Heiligen Antlitzes*.

DIE SAKRISTEI

Am Ende des rechten Seitenschiffs gelangt man durch ein Portal (Beginn 15.Jahrhundert)

Einer der Engel von Matteo Civitali, 2.Hälfte 15.Jahrhundert.

in die Sakristei; die Halbpfeiler sind wahrscheinlich ein Werk von Jacopo della Quercia.

Im Inneren der Sakristei befindet sich das Grabmal der Ilaria del Carretto. Das Werk weist Elemente französischen Einflusses auf, lehnt aber auch klassische Elemente nicht ab, wie z.B. die Putten, die Girlanden um das Grabmal winden. Es gilt einstimmig als das schönste, einer Frau gewidmete Grabmal der Renaissance. Noch befindet sich über dem Altar des hl.Agnello eine *Thronende Madonna und vier* Heilige, ein von Domenico Ghirlandaio geschaffenes Gemälde.

Hierbei sollte erwähnt werden,

Freiheitsaltar mit Auferstehung Christi von Giambologna, 1577-79.
Thronende Madonna und 4 Heilige von Ghirlandaio, 1449 - 1494.

DER EWIGE SCHLAF DER ILARIA

Ilaria del Carretto, zweite Frau des Herrn von Lucca Paolo Guinigi, stirbt am 8.Dezember 1405 im jugendlichen Alter nach der Geburt ihrer Tochter Ilaria im Kindbett. Später wurde Jacopo delle Quercia von ihrem Gemahl mit der Schaffung des Grabmahls beauftragt; es wurde 1408 vollendet. In der zweiten Abfassung der Künstlerbiographie Le Vite erinnert Giorgio Vasari so an den Bildhauer: "nel basamento ... condusse alcuni putti di marmo che reggon un festone tanto pulitamente che parevan di carne; e nella cassa posta sopra il detto basamento, fece con infinita diligenza l'immagine della moglie d'esso Paulo...che dentro vi fu sepolta." (A.d.Ü.: Vasari berichtet, dass der Bildhauer den Sockel des Sarkophags mit Marmorputten verzierte, die Girlanden um ihn wanden und so realistisch gearbeitet waren, dass sie menschlich zu sein schienen. Mit unendlicher Sorgfalt soll er dann ihr Bildnis in die Platte des Sarkophags gemeisselt haben, in dem sie bestattet wurde). Dann weist er auf ein Detail am Grabmal hin mit den Worten: "Fece nel medesimo sasso un cane di tondo rilievo, per la fede da lei portata al marito". (A.d.Ü. Aus dem gleichen Stein soll er ein Relief geschaffen haben, das ein Hündchen darstellte und ein Symbol der Treue für ihren Mann sein sollte). Mit diesen Worten erinnert er, wie der Bildhauer mit der Figur des treuen Hündchens Diana die vortrefflichen Eigenschaften Ilarias als Gemahlin ausdrücken wollte. Aber die letzte Ruhe der sanften Ilaria sollte nicht lange währen. Paolo Guinigi wurde nämlich 1429 aus der Stadt verjagt und das Grabmal wurde zerschlagen, sodass einige Teile in der Sakristei, andere in der Kappelle der Garbesifamilie landeten, während die Platten mit den Putten in die Uffizien und später ins Stadtgefängnis kamen. Nachdem es aber 1889 wieder zusammengesetzt und wieder in der Mitte des Querschiffs aufgestellt wurde, kann man dieses Meisterwerk heute wieder in seiner vollen Schönheit bewundern. Heute kann man es in der Sakristei bewundern. Die Frauenfigur friedlich und ruhig erscheint, aber trotz der Unbeweglichkeit hat man den Eindruck, als ob sie plötzlich durch das Bellen des zu ihren Füssen wachenden Hündchens Diana wieder zum Leben erweckt würde.

Grabmal der Ilaria del Carretto - Der von Jacopo della Quercia 1408 geschaffene Sarkophag gilt als das schönste, je einer Frau gewidmete Grabmal - Abbildung von Ilaria del Carretto, Gemahlin von Paolo Guinigi, Herr von Lucca zu Beginn des 15.Jahrhunderts.

was für alle seine Werke typisch ist: Durch die ikonographische Darstellung heiliger Themen sind seine die zeitgenössischen Stilelemente und Merkmale ganz präzis wiedergebenden Werke Zeugen, ja Dokumente für die Kleidung der jeweiligen Epoche. Trotz des Ernstes der heiligen Themen versäumt er nie den genauen, zeitgenössischen Kleiderstil aufzuzeigen, die Stoffe und Ornamente, aber auch Baustilelemente oder Perspektiven, wobei er in der genauen und strengen Suche nach dem Detail einen fast flämischen Stil aufweist. In der Predella Szenen aus dem Leben der Heiligen und in der Lünette ein *Tod Christi* gestützt von Nikodemus. Rechts und links vom Altar ein Triptychon mit vergoldetem Hintergrund der Luccheser Schule (14.Jahrhundert) und eine *Madonna mit Engeln und Heiligen* der florentinischen Schule (15. Jahrhundert).

3) DAS MUSEUM DER KATHEDRALE

Das Museum der Kathedrale, in Dom Platz birgt es einen Teil des Domschatzes und unzählige Kunstwerke und Kirchengerät aus dem Dom und aus der nahe gelegenen Kirche SS. Giovanni e Reparata: ein fein ziseliertes, vergoldet silbernes Kruzifix (14.Jahrhundert), das auch *Croce dei Pisani* "Kreuz der Pisaner" genannt wird; nach einer Anekdote soll es den Pisanern durch eine List geraubt worden sein. Der Kruzifix, Heilige mit reich gearbeiteten Blattvoluten geschmückt und 24 Profeten mit ebenso vielen Lilien sind zu sehen. Dieses Kruzifix wird bei Festlichkeiten, wie z.B.beim Heiligenkreuzfest auf dem Hochaltar im Dom aufge-

stellt. Ausserdem beherbergt das Museum noch viele kostbare Gemälde und Skulpturen, wie z.B. den *Apostel* von Jacopo della Quercia oder die *Enthauptung Johannes des Täufers*, die Masseo Civitali zugeschrieben wird und *hl. Johannes Ev.*, von Jacopo della Quercia (Beginn 15.Jahrhundert). Die *Verkündigung* von Leonardo Grazia, "Il Pistoia" genannt, stammt von der ersten Hälfte des 16.Jahrhunderts.

Weiters Buchminiaturen, Reliquienschreine und die Messgewänder, mit denen das "Heilige Antlitz" während der Feierlichkeiten geschmückt wird, sind zu sehen.

***

Hl. Johannes Evangelist von Jacopo della Quercia, in Museum der Kathedrale.

Kirche von Santa Maria della Rosa.

4) KIRCHE VON S.MARIA DELLA ROSA

Hinter dem Dom und dem Palazzo Arcivescovile steht das Kirchlein S.Maria della Rosa. Im gotisch-pisanischen Stil 1309 erbaut, stand sie ursprünglich neben einem Oratorium, das dann in die Kirche eingegliedert wurde und dessen Portal und Biforen noch heute zu sehen sind.

Die Università dei Mercanti liess die Kirche errichten, um 1333 wurde sie erweitert, wobei der strenge, romanische Bau typisch lucchesische vierbogige Fenster erhielt, die das Gebäude sehr auflockern. Die Marmorverkleidung der Fassade existiert leider nicht mehr, man kann aber noch das wahrscheinlich von Matteo Civitali stammende Marmorportal bewundern.

Das Innere ist dreischiffig, es wurde zu einer späteren Zeit gebaut. Auf der linken Seite sind grosse Quadern des alten römischen Mauerrings aus dem 2.Jahrhundert zu sehen.

5) KIRCHE VON S.MARIA FORISPORTAM

Wie der Name besagt, lag die Kirche S.Maria *Forisportam* oder S.Maria Bianca zur Zeit ihres Baus im

13.Jahrhundert vor den Stadtmauern. Sie ist in dem für die Stadt typischen, romanischen Stil erbaut. Im Obergeschoss der Fassade sind die charakteristischen Zwerggalerien aus weissem Marmor zu sehen, das Untergeschoss weist entlang der Seiten, des Querschiffs und der Apsis hohe Blendarkaden auf.

Auf den drei Portalen unter den Bogengängen sind klassische Motive und Figuren abgebildet, in den Tympana über den Portalen befinden sich: rechts eine Bischofsfigur aus dem 13. Jahrhundert, links eine *Thronende Madonna* aus dem 17.Jahrhundert, und über dem Hauptportal eine *Krönung der heiligen Jungfrau*, ebenfalls aus dem 17. Jahrhundert. Das Innere ist dreischiffig, das Hauptschiff und das Querschiff wurden während des 16. Jahrhunderts mit Backsteinen erhöht und gewölbt. Das Innere birgt einige wertvolle Kunstwerke: Die Statue der *hl. Assunta* und der Hochaltar, auf dem sie steht sind von Matteo Civitali; auf dem 4. Altar rechts steht eine schöne *hl. Lucia*, ein Werk von Guercino, ein Ziborium aus dem 17. Jahrhundert am Altar des rechten Querschiffs.

Das einzigartige Taufbecken wurde aus einem altchristlichen Grabmal gemeisselt.

Auf dem Platz, wo sich die Kirche erhebt, steht eindrucksvoll in der Mitte eine Säule: Es handelt sich um eine romanische Granitsäule, die bis Ende des 18.Jahrhunderts als Ziel für den Palio diente, der jedes Jahr in Lucca während tradi-

Der weite Platz mit der Kirche Santa Maria Forisportam - In der Mitte eine römische Säule, Ziel des Palio, der hier bis Ende des 18.Jahrhunderts abgehalten wurde.

tioneller Feste veranstaltet wurde.

Auch Palazzo Sirti von Domenico Martinelli und Palazzo Penitesi, in dem der französische Schriftsteller Montaigne 1581 zu Gast war, blicken auf diesen Platz.

6) PALAZZI GUINIGI UND DER GESCHLECHTERTURM

Zum Besitz der "Case dei Guinigi", der Häuser der Familie Guinigi, reiche Handelsherrn und Bankiers von Lucca, gehörten einst Stadthäuser, Türme und Loggien. Heute noch gelten sie als ein grossartiges Beispiel der mittelalterlichen Architektur Luccas romanisch-gotischen Stils, obwohl nur einer der ursprünglich vier Geschlechtertürme erhalten geblieben ist, dessen Loggia und Portikus im Erdgeschoss nun geschlossen sind.

Alle Bauten sind aus Backstein und haben ein Erdgeschoss mit einst offenen, auf Pfeilern ruhenden Bogengängen aus Stein; die

Geschlechterturm der Guinigi.

Palazzo Guinigi - 3 -und 4 bogige Fenster.

oberen Geschosse zeichnen sich durch mehrbogige Fensterreihen mit angedeutetem Dreipass in den Rundbogen aus, die die grossen, roten Ziegelwände reizvoll gestalten und auflockern. Das am besten erhaltene Gebäude liegt Ecke Via S.Andrea und Via Guinigi. Es gehörte einst Michele und Francesco Guinigi und ist das einzige, dessen hoher Geschlechterturm - mit seinen hoch herausragenden Steineichen auf der Spitze ist er nun ein Symbol der Stadt - erhalten geblieben ist. Der Turm ist das Ziel unzähliger Touristen, er bietet wunderbare Ausblicke über Lucca und Umgebung.

Unweit der Case dei Guinigi erhebt sich die Kirche SS. Simone e Giuda, ein romanisches Kleinod aus dem 13.Jahrhundert. In der strengen Fassade aus grauem Stein öffnen sich drei Portale, darüber ein schönes zweibogiges Fenster.

7) KIRCHE VON S.PIETRO SOMALDI

Der erste Bau geht in die Zeit der Langobardenherrschaft zurück, deshalb wurde die Kirche nach ihrem Gründer Sumuald benannt. Um 1100 wurde sie umgebaut und erst zwei Jahrhunderte später vollendet. Die schlichte Fassade aus grauen Sandsteinbändern und weissem Kalkstein erinnert mit ihren zwei Reihen Zwerggalerien an den pisanischen Stil. Über den 3 Portalen sind im Bogenfeld Verzierungen zu sehen, die zweifärbige Archivolten umgeben. Der Architrav des mittleren Portals ist äusserst fein verziert und zeigt die *Schlüsselübergabe an Petrus* (1203).

Im dreischiffigen Innenraum sind einige aus dem 16.Jahrhundert stammende Gemälde aufbewahrt: eine *Empfängnis* von Zacchia da Vezzano und Figuren von Heiligen, die Raffaellino del Garbo zugeschrieben werden.

Weiters interessante Werke von Franchi, Landucci und Tofanelli.Auf den Kirchplatz blicken auch viele interessante Stadtpaläste, wie z.B. *Palazzo Bartolomei-Spada*; der Umfang des Platzes ist zwar ziemlich unregelmässig, durch einen schönen Garten und einen Balkon, der im Frühling Blumen trägt, wirkt er aber sehr harmonisch.

Innerer - Kirche von S.Pietro Somaldi (12.-14.Jahrhundert).

San Pietro Somaldi - Fassade und daneben der später dazugebaute Campanile.
Detail des Hauptportals mit der Schlüsselübergabe an Petrus von Guido Bigarelli,
1203.

Kirche von San Francesco - Fassade.

8) KIRCHE VON SAN FRANCESCO

Die Kirche S.Francesco hat eine lange Bau-und Umbaugeschichte. Baubeginn war 1228, nach einem Jahrhundert wurde si umgebaut und erweitert, im 17. Jahrhundert wurde sie wieder überarbeitet. Die letzten Arbeiten am Obergeschoss der Fassade fanden 1930 statt. Sie ist aus weissem Kalkstein, durch zwei grosse Blendarkaden seitlich und durch ein kleines abgetrepptes Portal in der Mitte gegliedert. Seitlich des Portals ist jeweils eine Nische, die als Grabmal diente, eine stammt aus dem 11., die andere aus dem 12. Jahrhundert. Das Innere ist einschiffig, hat drei Apsiskappellen und ein offenes Balkendach.

Viele Erinnerungen der Stadt sind mit dieser Kirche verknüpft: Der dritte Altar, den die Università dei Tessitori errichten liess, um an die Episode "Tumulto degli Straccioni", einen Armenaufstand im Jahr 1531 zu erinnern, der sich in diesem Viertel ereignete. Als Symbol der Aufruhr legten die Handwerker einen Ballen Rohseide, "torsello" genannt, auf die Säulen des Altars und widmeten dem heiligen Franziskus, der sich der Armut verschrieben hatte, ihre Armut, wie in der lateinischen Inschrift zu lesen ist.

Ein Kenotaph in der Nähe erinnert dagegen an den berühmten

Luccheser Condottiere Castruccio Castracane, Herr der Stadt bis Ende des 14. Jahrhunderts aus der Adelsfamilie Antelminelli; links zwischen dem zweiten und dritten Altar sind die Grabmäler der Komponisten Luigi Boccherini und Francesco Geminiani zu sehen. Der Chor in der Hauptkappelle und die Kanzel aus dem 15.Jahrhundert sind ein Werk Leonardo Martis. Rechts von der Kanzel sind abgetragene Fresken der Florentiner Schule aus dem 15. Jahrhundert. Es gibt auch noch eine Sakristei (1200) und drei Kreuzgänge mit Grabmälern aus dem Mittelalter.

9) VILLA GUINIGI

Villa Guinigi ist eine prachtvolle Landvilla, die sich Paolo Guinigi, zur Zeit seiner Herrschaft Anfang des 15.Jahrhunderts unmittelbar vor den Stadtmauern bauen liess. Um sie vom Palazzo Guinigi zu unterscheiden, wurde sie auch noch Palazzo Borghi genannt. Die für die damalige Zeit sehr kostspielige, aus Backstein erbaute Villa besteht aus 2 Flügeln: Das Untergeschoss ist gegliedert in einen Teil, der sich mit 8 Arkaden in eine Loggia öffnet und mit 7 Arkaden auf die andere Seite geht. Ihr Baustil ist dem der Stadtpaläste sehr ähnlich: Fensterreihen mit Triforien, Dreipässe, gestützt von kleinen, weissen Marmorsäulen und Rundbogen. Bei den Stadtpalästen wird auch das gleiche Baumaterial verwendet: roter Backstein, weisser Marmor und grauer Stein für die Pfeiler. Es gibt keine zuverlässigen Angaben, wer die Architekten waren, der typisch romanisch-gotische Stil, der damals in Lucca Mode war, lässt jedoch auf Meister aus dem Norden schliessen, die darauf spezialisiert waren. Das, was die Villa entschieden von den anderen Bauten unterscheidet, ist das Ausmass dieses grossartigen Bauwerks, die gleichmässigen Mauern, die trotz der erst kürzlich durchgeführten Restaurierungsarbeiten, heute noch so sind, wie sie damals waren und die eindrucksvolle Loggia. Vom einst von

Villa Guinigi.

zinnengesäumten Mauern umgebenen Garten ist nur ein Teil erhalten geblieben, in den angelegten Strassen rings um die Villa kann man aber seine ehemaligen Grenzen erkennen.

Nach mehreren strukturellen Veränderungen wurde die Villa in Ausstellungsgebäude umgewandelt, heute beherbergt sie das nach den modernsten Ausstellungsprinzipien geordnete Nationalmuseum.

DAS NATIONALMUSEUM DER VILLA GUINIGI

Das Museum beherbergt fast ausschliesslich Kunstwerke, die im Auftrag von Anstalten und Persönlichkeiten Luccas von ortsansässigen oder ausländischen Künstlern ausgeführt werden, oder von Kirchen, Palazzi oder privaten Sammlungen stammen. Ein Besuch des Museums ermöglicht, das grosse und reiche künstlerische Schaffen der Stadt im Laufe eines Jahrtausends zu verfolgen.

ERDGESCHOSS

Archäologische Funde

Die Sammlung im Erdgeschoss umfasst Funde aus prähistorischer Zeit bis zur späten Römerzeit, sowie Grabbeigaben aus etruskischer und ligurischer Zeit, Reste eines erst vor kurzem in Piazza San Michele entdeckten Opferplatzes und ausserdem zahlreiche römische Inschriften, Mosaike aus dem 1.Jahrhundert n.Chr. und in der Nähe des Eingangs ein Fragment des römischen Mauerrings aus Tuffstein.

Mittelalterliche Kunst

In dieser Abteilung sind Skulpturen, Flachreliefs und wertvolle

Säulen und Kapitelle aus dem 11.Jahrhundert.

Madonna mit Kind von Matteo Civitali.

Holzmanufakturen aus romanischer und gotischer Zeit und zu Beginn der Renaissancezeit zu sehen.

Sehenswert in der südlichen Loggia sind der Grabstein von Balduccio Parghia degli Antelminelli, der Jacopo della Quercia zugeschrieben wird und der Grabstein von Caterina degli Antelminelli, der aus seiner Werkstatt stammt. Grossartig gearbeitet und präzise in ihrer Ausführung sind die kleinen Fassadensäulen von S.Michele in Foro aus dem 13.Jahrhundert. Die Künstler, die mit der Arbeit beauftragt wurden, sind deutlich von der Schule des Benedetto Antelami beeinflusst; dieser Einfluss ist an den mächtigen, aber durch phantasievolle Tier-und Pflanzenornamente aufgelockerten Säulen gut erkennbar. Besonders interessant sind die romanischen Werke in Raum III: ein *Samson kämpft mit dem Löwen,* ein Hochrelief von einem Luccheser Meister aus dem 13.Jahrhundert, das ursprünglich im Dom stand, und eine Reihe von Kapitellen, Statuen, Ambonen und Architraven datiert vom 8. bis 14. Jahrhundert. In Raum V eine *Madonna mit Kind* aus vergoldetem und bemaltem Marmor, nun endgültig Matteo Civitali zugeschrieben; einst stand sie in der nun zerstörten Loggia dei Mercanti.

ERSTER STOCK

In Raum X sind einige Holzintarsienarbeiten sehenswert, besonders die überaus sorgfältigen Intarsien mit mehrfärbigem Holz in den Türen eines Schranks aus der Domsakristei von Cristoforo Canozzi da Lendinara (15.Jahrhundert). Ausserdem zahlreiche bearbeitete und bemalte Kreuze aus dem 12.und 13.Jahrhundert, eines stammt von Berlinghiero, das andere von Orlandi. In Raum XII ist ein seltsamer Tabernakel mit drei Nischen aus dem 14.Jahrhundert von Priamo della Quercia, dem Bruder Jacopos zu sehen.

Raum XIII ist seiner Gemälde verschiedener Schulen wegen interessant, u.a.sind Gemälde des Botticelli und Filippino Lippi zu sehen, ferner einige Werke des "Maestro del Tondo Lathrop", so genannt, da seine charakteristischen Stilelemente mit Hilfe des sog.Tondo Guinigi der Sammlung Lathrop studiert wurden. Seine Malerei ist nicht nur eindeutig von flämischen Meistern beeinflusst, sondern weist auch auf Ghirlandaio und Filippino Lippi hin. Einige Altarbilder, Meisterwerke des Fra'Bartolomeo aus der

Stadtansicht - Intarsie aus dem 15.Jahrhundert.

ersten Hälfte des 16.Jahrhunderts wie *Gott Vater mit Maria Magdalena und der heiligen Katherina von Siena*

Einer der Ausstellungsräume des Nationalmuseums.

Kruzifix mit Szenen aus der Leidensgeschichte Christi von Berlinghiero, 13.Jahrhundert.

und eine *Barmherzige Madonna* sind in Raum XIV ausgestellt; in den anschliessenden Räumen sind Kirchengerät und heilige Messgewänder zu sehen, Exemplare jener berühmten und begehrten Stoffe aus den Luccheser Webereien vom 16.bis 18. Jahrhundert und sogar Gewänder und Schmuck aus langobardischer Zeit. In den Räumen XVI-XVII hängen Malereien aus dem 17. und 18.Jahrhundert, hauptsächlich von Pietro Paolini: darunter das *Martyrium des hl. Bartolomeus*, das *Martyrium des hl. Ponziano* und eine *Geburt Johannes des Täufers*. Er wirkte in der zweiten Hälfte des 17.Jahrhunderts in Lucca und war stark von Caravaggio beeinflusst.

Ferner Werke von Pompeo Batoni, ein Maler des 18.Jahrhunderts. Von ihm bekannt sind das Portrait des *Erzbischofs Giovan Domenico Mansi*, 1765 gemalt und eine *Ekstase der heiligen Katherina*. Es sind auch Gemälde von Guido Reni, Girolamo Scaglia und von Lanfranco und Pietro da Cortona vorhanden.

Madonna mit Kind und die hhl. Sebastian und Rochus von Zacchia d. Ä.

Gott Vater mit Maria Magdalena und der hl. Katharina von Siena von Fra'
Bartolomeo, 1509.

Madonna mit Kind von Ugolino Lorenzetti, 14.Jahrhundert.
Eisener Geldschrank aus dem 16. Jahrhundert.

Porträt des Erzbischofs Giovan Domenico Mansi von Pompeo Batoni, 18.Jahrhundert.

Säule der Sternenkranzmadonna von G.Lazzoni aus Carrara, 1687.

10) VILLA BUONVISI

Villa Buonvisi, auch als Villa Bottini bekannt, liegt gemeinsam mit Villa Guinigi innerhalb der Stadtmauern. Das Bauwerk gilt als Musterbeispiel der Renaissance Architektur der Luccheser Villen.

Drei Baumeister haben sich bei der Villa ein Denkmal gesetzt: Es sind dies einmal der Bauherr des Palazzo, dessen Name unbekannt ist, dann Vincenzo Civitali, dem der Entwurf des Portals und der Fenster in der Einfriedungsmauer zugeschrieben wird, und schliesslich Buontalenti, der den einzigartigen Eingang zum Nymphäum am Ende des Gartens schuf; vier Säulenpaare bilden diesen Eingang, Figuren, die zwei Flüsse darstellen, zieren die Balustrade darüber. Dies ist das einzige, übrig gebliebene Element vom ursprünglichen Garten, der damals ein Begriff geworden war, sodass man den Namen Buonvisi lange Zeit mit dem Wort "Garten"assoziierte. Ein Freskenzyklus mit Szenen aus der Mythologie und allegorischen Darstellungen schmückt das Innere, ein Werk von Ventura Salimbeni, ein Seneser Maler aus dem 16.Jahrhundert.

11) VIA DEI FOSSI

Ihren Namen verdankt die Strasse einem Graben, der sich durch das Zentrum zieht. Zwei Drittel ihrer Länge verlaufen gleich wie die mittelalterliche

Stadtmauer, von der noch das alte Tor *San Gervasio e Protasio* - allgemein unter dem Namen *Portone dell'*Annunziata bekannt - erhalten ist, das aus grauem, mit weissem Kalkstein gestreiften Sandstein errichtet wurde. Auf der Brücke vor dem Tor steht ein kleiner, neoklassischer Brunnen aus Marmor; gemeinsam mit vielen anderen wurden diese Brunnen von Lorenzo Nottolini an wichtigen Stellen der Stadt gebaut.

Die Brunnen versorgten die Stadt mit Wasser aus dem Aquädukt von Guamo, ein weiteres, schönes Projekt von Lorenzo Nottolini, unweit der Stadtmauern: ein langes Bogenwerk, das die Stadt mit dem Hügel von Guamo verbindet.

Am Ende der Strasse erhebt sich die Säule einer *Strahlenkranzmadonna* von Giovanni Lazzoni 1687 errichtet.

Der Sockel gibt Aufschluss auf das damalige Stadtbild: Flachreliefs zeigen Porta San Donato, eine Zugbrücke und die "Halbmonde" der schon dicht mit Bäumen bewachsenen Bollwerke.

Blick auf die Via dei Fossi.

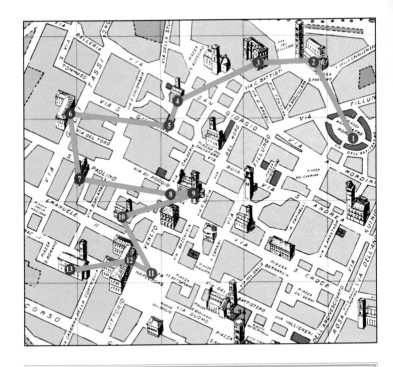

1) PIAZZA DEL MERCATO

Wenn man nicht wüsste, dass der heutige Markt an der Stelle des alten römischen Amphitheaters liegt, könnte man glauben, er sei ein geistreicher Einfall des Architekten Lorenzo Nottolini gewesen, der damit ein besonders originelles Bauwerk schaffen wollte. Als der Herzog Karl Ludwig von Bourbon Nottolini 1830 mit einer harmonischen Gestaltung der bunt zusammengewürfelten, und auf die Fundamente des alten römischen Amphitheaters aufgebauten Häuser beauftragte, liess er eigentlich nur den ovalen Platz ebnen und die Strasse zum Eingang des Amphitheaters öffnen. Somit entstand ein wirklich eindrucksvolles Bauwerk. Die heutige Piazza del Mercato nimmt also den Zuschauerraum des alten Amphitheaters ein. Nottolini liess die gleichmässige Ovalform des Häuserrings stehen, die Häuser in der ehemaligen Arena abreissen und den Platz ebnen. Auch die verschiedene Höhe der Häuser wurde beibehalten. Mit diesen einfachen

Einige der Häuser, die auf Piazza del Mercato, oder Piazza dell'Anfiteatro genannt, gehen.

Eingriffen erzielte er eine grossartige Wirkung. Das ehemalige Amphitheater befindet sich drei Meter tief unter der Erde, bedeckt von mehreren Bauschichten der verschiedenen Epochen. Es wurde zwischen dem 1. und 2. Jahrhundert n.Chr. gleich ausserhalb der Stadtmauern gebaut und fasste bis zu 10.000 Zuschauer, die auf den 24 von Pfeilern gestützten Stufen Platz fanden; diese teilten sich in 2 Zuschauerränge, den Abschluss bildeten 54 Arkadenbogen. Es war ganz mit Marmor verkleidet und mit Säulen verschönert. Da es während der Völkerwanderung ständig neuen Invasionen ausgesetzt war, wurde der Bau schliesslich aufgegeben und war dann lange Zeit unerschöpfliche Quelle für bestes Baumaterial, besonders für die zahlreichen Kirchen und Häuser Luccas. Mit der Zeit wurden dann auf die stabilen Fundamente Wohnhäuser gebaut, deshalb blieb die genaue Ovalform erhalten. Original römisch ist nur ein Eingang ins Oval auf der Ostseite, die anderen stammen aus dem letzten Jahrhundert.

2) KIRCHE VON SAN FREDIANO

Die ursprüngliche "Basilica Langobardorum" liess Bischof Frediano zu Ehren des heiligen Vinzenz im 6.Jahrhundert errichten. An derselben Stelle wurde dann die heutige Kirche gebaut. Bischof Giovanni, der Nachfolger Fredianos, benannte sie dann nach ihm und liess das Grabmal Fredianos in der Krypta errichten. Bischof Giovanni setzte sich als erster für einen Kirchenumbau ein, mehrere Veränderungen wurden vorgenommen.

Die Kirche wurde u.a. im 12.

Die schneeweisse Fassade von San Frediano.

Jahrhundert aus städtebaulichen Gründen nach Westen ausgerichtet und im 13. Jahrhundert um circa drei Meter aufgestockt, was einen Umbau der Apsis und der Fassade zur Folge hatte.

Ihre heutige Gestalt erhielt sie erst im 16. Jahrhundert, nach der Einbeziehung anliegender Gebäude und der Hinzufügung neuer Kappellen an beiden Seiten.

DIE FASSADE

Schlicht aber eindrucksvoll, verschönert durch ein prächtiges Mosaik einer *Christi Himmelfahrt* gilt die Fassade als eines der besten Beispiele des romanischen Stils in Lucca. Die durch den weissen Marmor lichtempfindliche Fassade weist besondere Details auf, wie z. B.das Strebewerk, das in der Fassade den inneren Teil aussen wiederholt, oder das im oberen Teil von einer Säulenreihe "getragene" byzantinische Mosaik, ein Werk aus der Schule Berlinghiero Berlinghieris (13. Jahrhundert): Die zentrale Christusfigur, flankiert von zwei Engeln, die ihn nach "oben" tragen, mit den Aposteln daneben, wirkt feierlich und verklärt und gibt bestens die den byzantinischen Stil prägenden Merkmale wieder: Unsterblichkeit und religiöse Frömmigkeit.

Von den drei sehr schlichten Portalen ist das mittlere mit einem schönen Architrav aus dem 12.Jahrhundert verziert, der einzige Schmuck des unteren Teils.

DAS INNERE

Die italienische Architektur des 13.Jahrhunderts kommt im Innenraum von San Frediano am besten zum Ausdruck. Das durch zwei mächtige Kolonaden rhythmisch geteilte Mittelschiff macht einen strengen und feierlichen Eindruck. Hoch über den Säulen beginnen die Wände des aufgestockten Teils, sie ru-

50

Prachtvolles Mosaik mit Christi Himmelfahrt aus der Schule des Berlinghiero, 13.Jahrhundert.

hen auf einem Gesims und werden von grossen, klassizistischen Obergadenfenster durchbrochen.

Die Apsis empfängt Licht durch zwei Reihen Monoforien, ihr einziger Schmuck ist eine einfache Loggia und ein Architrav, der diese stützt und die gleiche Verzierung hat.

Das Mittelschiff öffnet sich in zwei kleinere Seitenschiffe, eine lange Reihe von Kappellen wurde an den Baukomplex in verschiedenen Epochen angebaut. Gleich rechts beim Eingang steht ein einzigartiges, romanisches *Taufbecken*.

Das untere Rundbecken ist aussen mit Flachreliefs verziert, das obere Becken ist mit dem Deckel als Tempelchen gestaltet, mit kleinen Säulen und mit Figurenschmuck. Es stammt aus der ersten Hälfte des 12. Jahr-

hunderts und ist das Werk mehrerer Künstler, darunter sind erwähnenwert: Der Autor des Reliefs mit Darstellungen aus dem *Leben Moses*, ein lombardischer Meister. Die Episoden sind einfach und lebhaft dargestellt, folgen mit zahlreichen Gestalten aufeinander auf vier der sechs Platten des Beckens und ergeben so einen kontinuierlichen Verlauf der Ereignisse. Dieser Stil ist eine Vorwegnahme der Werke Nicola Pisanos.

Besonders interessant ist der *Zug durch das Rote Meer*, bei dem die Soldaten des Pharaos in mittlealterlichen Gewändern und Rüstungen dargestellt sind. Die Darstellung des *Guten Hirten* und der *Sechs Propheten* werden einem anderen Meister zugeschrieben. Am Beckenrande hinterliess er seine Signatur: "Me fecit Robertus magister in

51

arte peritus". Der byzantinische Einfluss in den schmalen Figuren und die kleinen rahmenden Bogen, die an römische Verzierungen erinnern, unterscheiden diesen Künstler deutlich vom Bildhauer der Mosesepisoden. Von einem dritten Künstler stammt die Gestaltung des Pokals, der mit Maskeronen verschönert ist, aus denen Wasser hervorquillt. Der abgeschrägte

Deckel zeigt oben Skulpturen der Apostel und unten die allegorischen Darstellungen der Monate, während die tragende Säule, die das Ganze zusammenhält, das fliessende Wasser darstellt. Dieser Künstler hat einen die Klassizistik nachahmenden Stil, der ihn wiederum von den anderen zwei unterscheidet.

Die Wand im Hintergrund des

Innenansicht von San Frediano. - Romanisches Taufbecken, das auf einem mit eindrucksvollen Reliefs verzierten Rundbecken ruht.

Taufbeckens schmückt eine grosse Lünette aus glasierter Terrakotta. Sie ist ein Werk Andrea della Robbias und stellt eine *Verkündigung* dar.

Die Cappella Fatinelli daneben ist aus dem 17. Jahrhundert und birgt Gemälde des Guidotti und des Tintore, der Episoden aus dem Leben der heiligen Zita darstellt, deren Grabmal und unversehrter Körper sich in der Kappelle befindet. Vor der Kappelle ist ein *hl.* B*artholomeus* zu sehen, er stammt ebenfalls von Andrea della Robbia.

Anschliessend die Cappella di S.Biagio oder Cappella Cenami,

DIE LEGENDE DER HEILIGEN ZITA

".... da trug er mit beiden Hüften einen Sünder
Den fasst er fest an seiner Füsse Sehnen
Von unsrer Brücke rief er:"Malbranche,
Hier bring ich einen Herrn der Heiligen Zita
Den taucht mir unter, ich will wiederkehren zu jener
Stadt , die voll von solchen Sündern.
Weil jeder dort betrügt, nur nicht Bonturo.
Das Nein wird dort zum Ja um Geldes willen."

Dante - 21. Höllen-Gesang

Wenn man die Worte Dantes liest, mit denen er den oben genann-
ten Verdammten, einen gewissen Martino Bottaio, der sich die kor-
rupten Luccheser Richter zum Vorbild nimmt, beschreibt, stellt
man fest, dass er sicher keine gute Meinung vom Bürgertum Luccas hatte. Aber dabei interessiert uns nicht so sehr Dantes Meinung über die Luccheser, wie die Tatsache, dass schon damals der
Name der Heiligen Zita untrennbar mit dem Luccas verbunden
war.

Dante wusste also, dass die Heilige Zita von den Lucchesern hoch-
verehrt wurde. Warum wurde sie aber so verehrt ?

Wir wissen, dass die fromme Frau im 13.Jahrhundert als Magd bei
der Adelsfamilie Fatinelli in Lucca lebte. Indem sie aus der reich-
haltigen Vorratskammer des Hauses Brot und Speisen nahm,
konnte sie für die Armen der Stadt Gutes tun. Nach der Legende
soll sie eines Tages, als sie wieder den Armen Brot bringen wollte,
von ihrem Herrn aufgehalten worden sein. Auf die Frage, was sie
denn in ihrer vollen Schürze habe, soll sie geantwortet haben, es
seien nur Rosen und Blumen. Der argwöhnische Herr wollte aber
kontrollieren ... und siehe da, das Brot hatte sich auf einmal, wie
durch ein Wunder, in Rosen und Blumen verwandelt.....

Dies war nicht das einzige Wunder, das sie vollbrachte. Trotzdem
wird in Lucca jedes Jahr im April jene Wundertat gefeiert und die
blühenden Jonquillen werden gesegnet. Bei dieser Gelegenheit
wird das ganze Viertel um San Frediano mit Blumen und Pflanzen
geschmückt, so gedenken die Luccheser der Heiligen Zita.

in der ein schönes Gemälde von
Pietro Paolini aus dem 17. Jahrhundert, eine eindrucksvolle
Grablegung und einige Holzstatu-
en von Matteo Civitali sehenswert sind. Ausserhalb sind Fragmente des Altare del Sacramen-
to, des "Sakramentsaltars"zu sehen, an dem Matteo Civitali
1489 gearbeitet hatte und der

dann später zerstückelt und fast
zerstört wurde.

Die letzte Kappelle rechts, Cappella Micheli, birgt eine *Empfängnis*, eine bemalte Holzskulp-
tur von Masseo Civitali (Enkel
von Matteo), Beginn 16.Jahrhun-
dert.

In Richtung Hochaltar sind die
Reste eines kostbaren Fussbo-

Wundervolles Fresko mit der legendären Überführung des Heiligen Antlitzes von Luni aus dem Zyklus der Cappella di Sant'Agostino (Beginn 16.Jahrhundert) vom Bologneser Amico Aspertini.

Cappella Trenta - Polyptychon von Jacopo della Quercia, 1422 - In der Mitte eine Madonna mit Kind und seitlich die hhl.

dens mit Cosmaten-Arbeit aus dem 12.Jahrhundert zu sehen. Als der Altar Ende des 17.Jahrhunderts umgestellt wurde, wurde auch der Fussboden an die gleiche Stelle gebracht; ursprünglich befand er sich dort, wo die alten Chorschranken waren.

Am oberen Ende des linken Seitenschiffs ein Monolith aus kalkhältigem Stein, der wie das Baumaterial für das Mittelschiff, aller Wahrscheinlichkeit nach aus dem Amphitheater stammt. Nahebei nur mehr Fragmente der einzig erhalten gebliebenen Platte des Sarkophags des hl. Frediano.

Die Cappella Trenta im linken Seitenschiff bewahrt ein weite-res Meisterwerk der Bildhauer-kunst des 15.Jahrhunderts auf. Jacopo della Quercia arbeitete 1422 an einem kostbaren Antependium, das direkt aus einem einzigen Marmorblock gehauen war: ein typisch gotisches Polyptychon mit Heiligenfiguren in den 5 Nischen. In der Mitte eine Madonna mit Kind, seitlich die hll.Ursula, Lorenz, Girolamo und Richard. Auf der Predella flankieren Reliefs mit Wundertaten bzw. Martyrium der vier oben dargestellten Heiligen und zwei Trauernde die Pietà. Sehenswert sind ausserdem eine aus dem 3.Jahrhundert datierte Urne mit den sterblichen Überresten des hl.Richard aus Irland, der 722 während einer Pilgerreise in Lucca starb, die mit Flachreliefs verzierten Grabplatten des Lorenzo Trenta und seiner Gemahlin, ebenfalls von Jacopo della Quercia (1416), eine Statue des hl.Petrus von Matteo Civitali und eine gemalte *Immaculata* von Francesco Francia aus 1511. In der Cappella di S.Agostino verdient ein Werk des Künstlers Amico Aspertini - Vasari hielt dieses Werk für eines der schönsten des Malers - besondere Beachtung: Fresken (1508-09) mit Darstellungen aus dem Leben des *hl.Frediano*, die *Taufe des Heiligen Augustinus durch den Heiligen Ambrosius*, eine *Geburt Christi*, ausserdem die berühmte *Überführung des Heiligen Antlitzes von Luni nach* Lucca. Die Fresken bestechen durch ihr genaues Studium und den Reichtum an Detail, wie - auch Vasari weist darauf hin - das Antlitz einiger bekannter Persönlichkeiten der Stadt, sowie das des Künstlers selbst. Von Amico Aspertini stammt auch das leider stark beschädigte Fresko rechts vom Hauptportal, eine *Madonna mit Engel und vier Heiligen*.

Die *Heimsuchung* links vom Portal wird dagegen dem Meister del Tondo Lathrop zugeschrieben.

DIE SAKRISTEI

Von grosser Schönheit ist das Kirchen - und Altargerät, das in der Sakristei von San Frediano aufbewahrt wird. Darunter ein Reliquienschrein aus Kupfer Rheinländischer Schule, vielleicht gehörte er dem hl.Richard, da er in seinem Sarkophag gefunden wurde, und prachtvolle Brokat-Messgewänder aus dem 16. Jahrhundert, eine vortreffliche Luccheser Arbeit, mit denen die Säulen und Wände des Hauptschiffs während der Messefeierlichkeiten verkleidet wurden. Der bronzene Falke, ein seltenes Stück arabischer Metallkunst des Mittelalters, befand sich einst auf der Spitze der Fassade, wo er heute durch eine Kopie ersetzt ist.

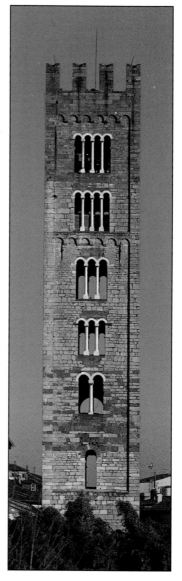

"Campanile" - Kirche von San Frediano.

3) PALAZZO PFANNER

Palazzo Pfanner (ehem. Palazzo Controni) ist ein prächtiger Profanbau, der ungefähr um 1667 erbaut wurde. Der Architekt, der den Bau entworfen hatte, ist unbekannt; die von ihm gearbeitete Fassade weist aber noch Züge aus dem späten 16. Jahrhundert auf, obwohl die Geschmacksrichtung in der zweiten Hälfte des 17.Jahrhunderts wohl eher die des Barocks war. Dies ist besonders gut ersichtlich in der Gestaltung des grossen Saals und in der spektakulären Freitreppe: Die in Form einer Loggia mit Säulen und Pfeilern gebaute Rampe weist eine grossartige Perspektive auf.

Der Palazzo beherbergt zahlreiche Kunstwerke. Im ersten Stock hervorragende, freskierte Scheinperspektiven (Beginn 18.Jahrhundert), die eine eindrucksvolle Kulisse für die "Mostra Permanente dei Costumi", die "Ständige Ausstellung von Kostümen und Trachten des 17., 18., und 19.Jahrhunderts bilden. Diese wurde im Palazzo nach dem Erwerb der Kostüme, teils von der Gemeinde, teils von privaten Stiftungen, eingerichtet. Der im 18. Jahrhundert angelegte Garten ist so prachtvoll, dass er von vielen Filippo Juvarra zugeschrieben wird, der zur Zeit der Fertigstellung des Palazzo Pubblico in Lucca mit dem Entwurf der Gärten einiger Luccheser Landvillen beauftragt war. Im Zentrum des Gartens ein grosses, achteckiges Bassin, den breiten Gartenweg in der Mitte säumen elegante Statuen, die die Monate, Jahreszeiten und Götter darstellen, verschönert mit Hecken und üppigen Zitronenbäumen.

Nahebei, in Piazza S. Salvatore sind die Reste des *Torre del Veglio* aus dem 12. Jahrhundert und die Kirche S. Salvatore - auch Chiesa della Misericordia genannt - (Ende 12. Jahrhundert) zu sehen. Der schöne Architrav am rechten Seitenportal, ein Werk des Pisaners Biduino aus der gleichen Zeit, schildert ein *Wunder des hl.Niccolò*. Das Fassadenobergeschoss wurde letztes Jahrhundert neugotisch erneuert. Im Inneren Werke von Zacchia da Vezzano, eine *Madonna und Heilige* von Alessandro Ardenti und ein Altar aus dem 15.Jahrhundert von Stagi.

Rechte Seite: *Palazzo Pfanner - eine der Prunktreppen im Inneren.*
Unten: *Palazzo Pfanner - Gartenansicht.*

Oben: S.Maria Corteorlandini - Campanile, der aus den umliegenden Bauten herausragt. Rechte Seite: Detail des Tympanons vom Seitenportal der Kirche aus dem 12.Jahrhundert. Unten: Kirche von Santa Maria Corteorlandini.

4) KIRCHE VON SANTA MARIA CORTEORLANDINI

Nach einer hier verehrten Kopie der Madonna di Loreto (mit einem Antlitz aus Ebenholz) nennt sich die Kirche auch *Santa Maria Nera*; es befindet sich hier auch eine Nachbildung der *Santa Casa* in Loreto. Sie wird auch noch nach einem anderen alten Namen dieses Orts benannt, und zwar die Corte Rolandinga. Nur die Flanken und die Apsiden zeigen den antiken Bau aus dem 12. Jahrhundert, während die Fassade aus dem 17. Jahrhundert stammt. Die Innenausstattung wurde 1719 völlig erneuert und ist des selten in Lucca zu sehenden Barockstils wegen sehenswert. Pietro Scorzini hat das Gewölbe mit Fresken und Stuck verziert.

Detail des schönen Eingangstors des Palazzo Orsetti nach einem Entwurf von Nicolao Civitali.
Rechte Seite: *Einige der Prunkräume des Palazzo Orsetti aus dem 18.Jahrhundert.*

5) PALAZZO ORSETTI

Zwischen dem 16. und 18.Jahrhundert entstanden um das Viertel von San Frediano und Palazzo Mansi viele Stadthäuser der reichsten Luccheser Familien. Darunter Palazzo Orsetti aus der ersten Hälfte des 16.Jahrhunderts. Nach einem Entwurf von Nicolao Civitali erbaut, ist der Palazzo heute Sitz des Rathauses.

Zwei Portale, die auf zwei verschiedene Strassen führen, sind prachtvoll in Holz geschnitzt. Die Pfeiler und Bogen in grauem Stein um die Tore sind elegant mit reliefierten Darstellungen verziert: Trophäen, Sphingen, Drachen und Grotesken.

Im Inneren sind einige wunderschöne Räume aus dem 18.Jahrhundert für Besichtigungen geöffnet: *Sala Rossa, Sala Verde, Sala degli Specchi und Sala dell'Eco* haben prächtige Gemälde, die Wandteppiche sind Originale.

Darunter auch ein Portrait Giacomo Puccinis von Luigi de Servi (1902).

6) PALAZZO MANSI

Palazzo Mansi a S. Pellegrino - nach der ihm gegenüberliegenden Kirche benannt - wurde Ende 16. Beginn 17.Jahrhundert errichtet und ist ein interessantes Beispiel der damaligen Luccheser Baukunst, die eine getreue Schilderung des ruhigen Lebens der Stadt wiedergibt, abseits aller Unruhen und neuer, künstlerischer Bestrebungen wie jene, die damals Florenz belebten. Gleich wie alle anderen Stadtpaläste hat Palazzo Mansi daher ein nüchternes, schlichtes, fast anonym gestaltetes Äusseres, es fehlen z.B. ausgefallene Dekorationen, Bossenwerk und Fensterbekrönungen. Viel mehr Aufmerksamkeit wird hingegen der Innenausstattung gewidmet, den Sälen, Gärten, Innenhöfen und Loggien, die - wie im Palazzo Mansi - mit den Kunstwerken bereichert und verschönert wurden, die heute noch zu sehen sind. Im Palast ist heute die **Pinacoteca Nazionale** untergebracht. Das grosse Atrium im Erdgeschoss führt in einen Innenhof, wo einige Räume der Öffentlichkeit dienen. Der erste Stock beherbergt ein Appartement mit prunkvollem Mobiliar aus dem 18. und 19.Jahrhundert, wie die kostbaren Brüssler Wandteppiche nach dem Entwurf von Justus Egmont (1665), mit denen einige äusserst elegante Säle geschmückt sind. Sie schildern Szenen der Königin Zenobia und des Kaisers Aurelian. Die Attraktion schlechthin ist das *Camera degli Sposi*, ein unglaublich prächtiges Hochzeitszimmer: vergoldeter Stuck, kostbare, mit Stickarbeiten versehene Seidenstoffe, prunkvoll gerahmte Spiegel, Fresken und ein von reizenden Putten, Kariatyden, und vergoldetem Blattschmuck getragener "Tri-

Palazzo Mansi - Prunkvolles Hochzeitszimmer, 18.Jahrhundert.
Unten: Porträt eines Knaben - Eines der hervorragenden Werke von Pontormo, um 1525.

umphbogen", von dem aus man in den prächtigen Alkoven mit einem Baldachinbett gelangt: Das Zimmer ist eines der vollständigsten Beispiele des prunkvollen Einrichtungsstil des Barock. In den angrenzenden, zum Museum umfunkionierten Räumen sind Kunstwerke ausgestellt, die grösstenteils der Grossherzog Leopold II von Toskana gestiftet hatte, als Lucca 1847 an das Grossherzogtum angegliedert wurde. Viele dieser Werke stammen aus der Medici-Sammlung und sind vom 16. und 17. Jahrhundert datiert, die Autoren sind Tintoretto, Veronese, Guido Reni, Domenichino, Palma il Giovane, Domenico Beccafumi, und Pontormo.

Palazzo Mansi - Die Sittsamkeit des Scipio von Domenico Beccafumi, 14.Jahrhundert.

7) KIRCHE VON SAN PAOLINO

Dem ersten Bischof der Stadt gewidmet, liegt die Kirche S. *Paolino* in der gleichnamigen Strasse; sie wurde zwischen 1522 und 1536 von Baccio da Montelupo erbaut und ist die einzige Renaissance-Kirche Luccas. Die elegante, weisse Marmorfassade hat drei Pilasterordnungen, der untere Teil ist mit dem mittleren durch Voluten verbunden, die sich in verkleinerter Form im oberen wiederholen. Der kreuzförmige Bau hat ein grosses Mittelschiff und zwei stark reduzierte Querschiffe. Die Kirche birgt wertvolle Gemälde und Holzskulpturen. Im Presbyterium schildern Fresken die *Legende des hl. Paolino*, die zwei unteren sind vom Luccheser Filippo Gherardi aus dem 17. Jahrhundert, die zwei oberen von Stefano Cassiani, gen.il Certosino, ebenfalls aus dem 17. Jahrhundert.

8) PIAZZA S.MICHELE

Der Platz, der sich an der Stelle des alten römischen Forums entwickelte, war zu allen Zeiten ein Mittelpunkt Luccas. Ausser der eindrucksvollen, gleichnamigen Kirche geht *Palazzo Pretorio* (Ende 15.Jahrhundert) - früher *Palazzo Podestà* - heute Amtsgericht, auf den Platz; sein Portikus hat schöne, grosse Biforen. 1492 wurde Matteo Civitali oder vielleicht sein Sohn Nicolao mit dem Bau beauftragt, 1589 wurde er von Vincenzo Civitali durch Verdoppelung der Loggia erweitert.

Ein anderer interessanter Palazzo mit Blick auf den Platz ist der durch eine Art Übergang mit der Kirche verbundene *Palazzo del Decanato*. Es handelt sich um einen Bau aus dem 16.Jahrhundert, der nach dem Entwurf von Francesco Marti über einem alten Gebäude errichtet wurde, den *Palazzo degli Anziani*. Den Ab-

Kirche von San Paolino - Innenansicht.

schluss der Bauten um den Platz bilden eine Reihe von romanischen und gotischen Häusern aus dem 13. und 14. Jahrhundert. Man sollte nicht vergessen, einen Blick auf das Geburtshaus Puccinis gegenüber der Kirche zu werfen, das heute Sitz eines Museums und der Stiftung Puccini ist.

Palazzo Pretorio mit Blick auf Piazza S.Michele.

DIE MUSIKSTADT LUCCA

Musikkultur hat in Lucca Tradition schon seit dem Mittelalter, und die Geburt der Brüder **Gioseffo und Francesco Guami** im 16.Jahrhundert, die für die Kritiker der damaligen Zeit zu den grössten europäischen Komponisten gehörten, stellte für die Stadt ein besonders wichtiges Ereignis dar.

Aber dies sollte erst der Anfang einer langen Reihe berühmter Persönlichkeiten in der Musik sein, zu denen die grössten Komponisten der jeweiligen Epoche zählen:

Komponist berühmter Menuette in der zweiten Hälfte des 18. Jahrhunderts ist **Luigi Boccherini.** Aus einer alten Familie von Komponisten stammend, hielt er sich an den Höfen halb Europas auf, besonders den von Madrid und Berlin, zur Zeit Friedrich II des Grossen. Er schrieb Kammermusik - in dieser Gattung ist er ein echter Anhaltspunkt - Ouvertüren, Divertimenti und Kirchenmusik, auch die Oper "La Clementina".

Alfredo Catalani, Komponist der zweiten Hälfte des 19.Jahrhunderts studierte Komposition in Lucca und setzte das Musikstudium später in Paris und Mailand fort, wo er eine nicht unbedeutende Rolle während der Künstler-Bohème spielte. Ein Komponist von aussergewöhnlichem Gefühl für Musik. Zu seinen Opern gehören u.a. La Falce, Elda (1880), Dejanice (1883), Loreley (1890), Wally (1892).

Lucca ist die Geburtsstadt einer der grössten Komponisten des 19. Jahrhunderts: **Giacomo Puccini**, der 1858 in Via di Poggio geboren wurde, heute Sitz des Puccini-Museums.

Puccini stammte aus einer regelrechten Komponistendinastie aus Val di Serchio; er begann sein Musikstudium in Lucca, vervollständigte und schloss es dann am Mailänder Konservatorium ab, wo er ein Studiengenosse von Amilcare Ponchielli war. Ihm verdanken wir die schönsten Opern zu Beginn dieses Jahrhunderts: Manon Lescaut, mit der er weltweiten Ruhm erlangte; die Erstaufführung fand 1893 im Teatro Regio di Torino statt, dann 1896 La Bohème, vielleicht seine berühmteste, es folgten 1904 Madame Butterfly, die Aufführung von La Fanciulla del West an der Metropolitan Opera von New York 1910 und die berühmte Trilogie Il Tabarro, Suor Angelica und Gianni Schicchi. Sein letztes Werk, die Turandot, blieb unvollständig und wurde nach seinen Aufzeichnungen von Franco Alfano vollendet.

Puccini komponierte fast alle seiner Opern in der Toskana, fast immer in seinem Haus in Torre di Lago, heute Torre del Lago Puccini genannt, das Ausblick auf den hübschen Lago di Massaciùccoli hat. Sein Haus ist als Museum eingerichtet mit dem alten Mobiliar und vielen Andenken des Maestro.

9) KIRCHE VON SAN MICHELE IN FORO

Die prachtvolle pisanisch-lucchesische Kirche S.Michele in Foro stammt aus dem 12.Jahrhundert; die Arbeiten erfolgten in mehreren Phasen und zogen sich bis ins 14. Jahrhundert hin. Die Kirche San Michele in Foro (oder ad Foro) wird zum ersten Mal im 8. Jahrhundert erwähnt. Von diesem Bau sind aber nur wenige Reste erhalten.

DIE FASSADE

An der heutigen Kirche sind ganz deutlich die Baustile der verschiedenen Epochen zu sehen. Davon ist die Fassade das beste Beispiel. Ihr Untergeschoss ist romanisch, während sich im oberen Teil wie bei S. Martino schon deutlich der gotische Geist zeigt. Die Säulen der Zwerggalerien, deren Schäfte aufwendig in weiss-grünem Marmor gearbeitet sind, oder die zarten Intarsien, die die Flächen über den kleinen Bogen zieren, erinnern eindeutig an den Dom. Am Giebel eine monumentale romanische Statue des über den Drachen siegenden Erzenges Michael, eingerahmt von zwei tubablasenden gotischen Engeln, die an den Giebelenden auf zwei Ädikulen stehen. Am rechten Fassadeneck eine von Matteo Civitali geschaffene schöne *Madonna mit Kind*.

Nach Restaurierungsarbeiten im letzten Jahrhundert wurde dieser Teil der Fassade mit neuen Skulpturen ersetzt, wie z.B. mit Bildnissen von Garibaldi, Viktor Emanuel II, Cavour usw. Viele der originalen Säulen wurden durch Kopien ersetzt und befinden sich heute im Nationalmuseum der Villa Guinigi.

Kräftige Blendarkaden zieren den Unterbau und umziehen die Aussenseiten. Am Querschiff steht der Campanile, seine Geschosse sind durch Rundbogenfriese geteilt. Er wurde zu Beginn der Bauarbeiten errichtet, sein oberer, die Zinnen ersetzender Abschluss stammt aus dem 19. Jahrhundert.

DAS INNERE

Das Innere ist mit seinen drei Schiffen, Säulen und halbkreis-

förmigen Apsiden typisch romanisch.

Das ursprüngliche Balkendach wurde im 16. Jahrhundert durch ein Gewölbe ersetzt. Auch hier fehlt es nicht an prachtvollen Kunstwerken. Am ersten Altar rechts eine Andrea della Robbia zugeschriebene *Madonna mit Kind* aus glasierter Terrakotta. Weiter rechts ein schönes Gemälde, ein *Martyrium des hl. Andrea* von Pietro Paolini. Im rechten Querschiff ein gemaltes Kreuz mit leicht reliefierter Christusfigur der Luccheser Schule aus dem 13. Jahrhundert, im linken ein grossartiges Gemälde von Filippo Lippi, mit den *hll. Sebastian, Hieronymus, Rochus und Helena*. Daneben das Relief einer *Maria mit Kind*, Fragment eines verlorenen Grabdenkmals von Raffaele da Montelupo, 1522.

Die Reste der antiken Kirche aus dem 8. Jahrhundert sind im Presbyterium zu sehen.

10) KIRCHE VON S.ALESSANDRO

Die Kirche S.Alessandro ist eines der wenigen, gut erhaltenen Beispiele des frühen romanischen Stils in Lucca. Die ursprüngliche Baustruktur wurde nicht verändert. Sie ist wahrscheinlich die älteste erhaltene Kirche. Sie ist eine typische Kirche des romanischen Stils in Lucca aus dem 11. Jahrhundert, die sich vom damaligen lombardischen und pisanischen Stil deutlich unterscheidet.

Die schlichte Marmorfassade ist fast völlig schmucklos, die weissen Wände haben rund um das Gebäude graue Querstreifen, ein klassisches Portal lockert auf. Im oberen Teil stellt die feierliche, sitzende Statue des Heiligen den einzigen Schmuck dar. Darüber eine schlichte Bifore.

Die im Grundriss dreischiffige Basilicakirche hat auch einen einfachen Innenraum. Das Mittelschiff gliedert sich in Säulen mit wunderschönen Kapitellen, die von Pilastern unterbrochen sind und zu den Chorschranken abgrenzen. Das Obergeschoss ist durch ein schlichtes Gesims gegliedert, das sich über die ganze Länge des Mittelschiffs erstreckt. Wie bei vielen Bauten Luccas stammen die Säulen und Kapitelle aus der Römerzeit.

S.Alessandro - Die schlichte, romanische Fassade aus dem 11.Jahrhundert.

11) PIAZZA NAPOLEONE

Elisa Baciocchi Bonaparte liess Piazza Napoleone 1806 anlegen. Im Zuge der Bauarbeiten für den Platz wurde eine ganze Häuserinsel mit einer Kirche völlig zerstört. Es gab mehrere Projekte, Ideen und Bauvorschläge für die Anlage, sie wurden jedoch nur teilweise realisiert.

In der Mitte des grossen, mit Platanen bepflanzten Platzes erhebt sich das zu Ehren einer der Frauen, die die Stadt regierten, errichtete Denkmal: Maria Luisa von Bourbon. Es stammt vom Architekten Lorenzo Nottolini (1843).

12) PALAZZO DUCALE

Palazzo Ducale, einst Palazzo Pubblico oder Palazzo della Signoria, erhebt sich an der Stelle der Festung Augustus (Fortezza Augusta), die Castruccio Castracane der Familie Antelminelli nach den Plänen und der Mitarbeit Giottos 1322 errichten liess. Nach Castruccios Tod und nach der Befreiung von der Pisaner Herrschaft, wurde die Festung, Symbol der Unterdrückung, durch das wütende Volk völlig zerstört. Nur der dazugehörige Palazzo blieb verschont. Zuerst war er Sitz des Ältestenrats, später liess Paolo Guinigi ihn zu Beginn des 15.Jahrhunderts ausbauen, um wieder den Ältestenrat zu beherbergen, schliesslich blieb er Regierungs-und Verwaltungszentrum der Stadt.

1578 begannen unter Bartolomeo Ammanati Erneuerungen, die zum Teil heute noch erkennbar sind in der schönen Loggia, die auf den "Schweizer Hof"blickt und im Portikus darunter, der ursprünglich die Fassade bildete.Von ihm wurde auch die ganze linke Seite der heutigen Fassade entworfen. Wegen finanzieller Schwierigkeiten blieb sie aber unvollendet und erst 1728 wurden die Arbeiten an einer Flanke des Gebäudes wieder aufgenommen, dessen Fassade einen monumentalen Eingang erhielt.

Nachdem die von Ammanati ausgeführten Arbeiten in der Zwischenzeit aber instabil geworden waren, wurden sie abgerissen und Filippo Juvarra übernahm die Arbeiten für den zweiten Hof.

Als Lucca unter Napoleon Fürstentum wurde, liess Elisa Baciocchi Bonaparte vor der Ostseite des Palazzo einen riesigen Platz für Militärparaden anlegen (die Seite wird von da an Hauptfassade). Auf diese Weise wollte sie der Stadt die einer europäischen Hauptstadt ähnliche Atmosphäre verleihen. Der Platz erhielt den Namen ihres Bruders Napoleon; die Architekten waren Lazzarini und Bienaime.

Nach der Übernahme der Herrschaft durch Maria Luisa von Bourbon in der ersten Hälfte des 19. Jahrhunderts, wurde Lorenzo Nottolini zum königlichen Architekten ernannt. Er wurde mit wichtigen Umbauarbeiten und Erweiterungen beauftragt: die riesige Freitreppe aus dem "Schweizer Hof", und der Bau einer Wagendurchfahrt zwischen den beiden Höfen, Passaggio delle Carozze genannt. Maria Luisa liess aber vor allem das Innere des Palazzo verändern. Sie ordnete die Gestaltung der Galleria delle Statue an und liess die Räume des Hauptgeschosses in drei Sektoren teilen:

die Appartements, die zur Repräsentation der Königin dienten, jene für den König und die Prunkgemächer mit Sitzungssälen, und das königliche Kabinett. Die kostbare Ausstattung dieser Säle wurde bei der Angliederung Luccas ans Königreich Italien leider Eigentum der Krone und später auf verschiedene königliche Paläste ganz Italiens aufgeteilt. Heute sind für das Publikum zugänglich: la Scala Regia, la Galleria delle Statue, die Loggia und einige Paradesäle wie z.B.der Schweizer Saal.

13) KIRCHE VON SAN ROMANO

Gleich hinter dem Palazzo Ducale liegt Piazza di San Romano und die gleichnamige Kirche. Die 1281 geweihte Kirche wurde auf den Resten eines früheren Oratoriums errichtet. Davon zeugen in der Fassade einzelne Ädikulen gotischer Gräber. Gegen Ende des 14. Jahrhunderts wurde sie erweitert, dabei wurde der Bau aufgestockt und die Apsis in Backstein und mit fünf Seitenkapellen neu gebaut. Der Backstein stammte aus der nahe gelegenen Festung Augustus. Das heutige Innere weist einen kreuzförmigen Bau mit einem Hauptschiff und grossen Bogenfenstern auf, die Ausstattung ist jedoch Barock (1661). Die Kirche, einst reich an Kunstwerken, bewahrt heute noch hinter dem Hochaltar das Grabmal des hl.Romanus auf, ein Werk von Matteo Civitali aus dem 15. Jahrhundert.
Aussen befinden sich zahlreiche Grabplatten, die aus dem Fussboden der Kirche stammen, sie

Piazza Napoleone im Herzen der Stadt mit dem Palazzo Ducale, heute Sitz des Provinzialausschusses.

sind vom 14.und 15.Jahrhundert datiert. Ihre definitive Neuaufstellung ist noch nicht gesichert. Darunter die Grabplatte der Capoana Donoratico, Frau des Grafen Ugolino della Gherardesca (von Dante in der Göttlichen Komödie erwähnt) und Platten von sieben deutschen Rittern, die zu den Offizieren der Stadtfestung Augusta gehörten. Im Kellergeschoss kann man die Spuren der verschiedenen Bauphasen gut verfolgen, sie beginnen in frühchristlicher Zeit und gehen bis ins Hochmittelalter.

Kirche von San Romano.

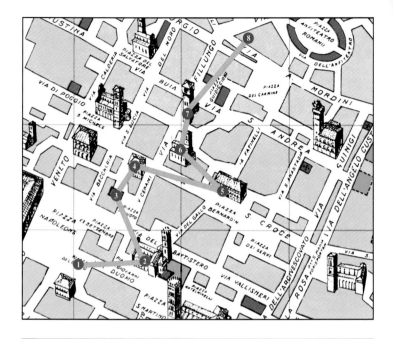

1) PIAZZA DEL GIGLIO

Auf dem Platz erhebt sich das gleichnamige *Teatro del Giglio* mit seiner eleganten neoklasischen Fassade. Von Lazzarini entworfen, war das Theater zu Beginn des letzten Jahrhunderts wegen der neuen, aufgeführten Stücke berühmt, und machte so dem Teatro San Carlo und der Scala di Milano Konkurrenz. Auf den Platz blicken auch zwei hübsche Bauwerke: *Palazzo Arnolfini* und *Palazzo Paoli*. In der Mitte ein Garibaldi-Denkmal.

2) KIRCHE VON SS. GIOVANNI E REPARATA

Die Kirche *San Giovanni e Reparata* war die erste Kathedrale Luccas. Den letzten Ausgrabungen zufolge stammt der älteste Bau aus dem 4. oder 5., der heutige aus dem 12.Jahrhundert. Die Fassade wurde 1622 erneuert, besitzt aber noch das aufwendige romanische Portal, das einen schönen, mit Flachreliefs gemeisselten lombardischen Architrav zeigt. Die romanische Kirche hat einen kreuzförmigen Grundriss, ist dreischiffig mit einem Querhaus. Die Säulen zur Teilung der Schiffe habe unterschiedliche Dimensionen und Schäfte, so wie sind die Kapitelle verschiedene: einer von ihnen stammt von einem zerstörten Gebäude aus der römischen Kaiserzeit. Vom linken Querhausarm gelangt man ins angegliederte Baptisterium (14. Jahrhundert), mit viereckigem Grundriss und einer grossen, spitzbogigen Kuppel. In der Mitte ein original Taufbecken vom 12. Jahrhundert und ausgegrabene Fragmente eines römischen Fussbodens, die 3 m unter dem heutigen lagen. Von der Kirche kann man in die archäologische Zone auf 5 Schictniveaus gehen, die den 12 Jahrhunderten der Geschichte der Stadt entsprechen.

3) KIRCHE VON SAN GIUSTO

Die Kirche San Giusto wurde

Ende 12.Jahrhundert errichtet. In der schönen Marmorfassade öffnen sich 3 stattliche Portale mit grossem, in die Höhe gezogenem Tympanon, typisch für den lucchesischen Stil.

Über dem Hauptportal ein wunderschöner, gehauener Architrav und eine gemalte Darstellung einer *Madonna mit Kind* umrahmt von einem Flachrelieffries.

Das dreischiffige Innere zeigt ungewöhnliche Pfeiler aus Backstein.

Von 1661-62 wurde es erneuert und mit reichem Stuckdekor ausgestattet.

4) PALAZZO CENAMI

Weiter vorne, an der Kreuzung mit Via Santa Croce, früher Can-

Portal - Kirche von Ss. Giovanni e Reparata.

San Giusto - Detail des Tympanons über dem Hauptportal.

to d'Arco genannt, erhebt sich der eindrucksvolle Palazzo Cenami (einst Palazzo Arnolfini), um 1530 von Nicolao Civitali im florentinischen Stil errichtet. Das stattliche, mächtige Bauwerk passt gut zum mittelalterlichen Stadtkern. Es weist einige für den damaligen Luccheser Stil ungewöhnliche Bauelemente auf: Rustikabänder um die hohen Fenster der zwei Hauptgeschosse, aber auch des Erdgeschosses, oder die robusten Steinfundamente rings um das ganze Gebäude, die oben mit einem gekröpften Gesims abschliessen und darunter zahlreiche, öffentliche Steinbänke besitzen. Ein eleganter Laubengang führt auf einen grossen rechteckigen Innenhof.

❧⚘❧

5) PALAZZO BERNARDINI

Am Ende der Via del Gallo öffnet sich ein Platz, der nach dem Palazzo benannt wurde, der ihn beherrscht: *Palazzo Bernardini*, Besitz des Martino Bernardini, der sich ausser den Mauern eine diesem Palazzo ähnliche Villa bauen liess, Villa delle Quattro Torri genannt. Bauherr war Nicolao Civitali.
Der ältere, zentrale Teil des Baus stammt von Beginn 16.Jahrhundert (1517 - 23). Das Hauptgeschoss zeichnete sich durch grosse, heute anders aussehende Biforen und Bänke aus, die auch heute noch auf der Piazza stehen. Der Bau galt als eines der beachtlichsten Bauunternehmen Luccas im 16. Jahrhundert, sowohl aufgrund sei-

nes Ausmasses, als auch wegen des stark vom Florentiner Manierismus beeinflussten Baustils. Die Lage des Palazzo am Kreuzungspunkt der wichtigsten Strassenachsen des Stadtkerns zeigt, wie wichtig es für die grossen Familien war, sich an den strategischen Punkten der Stadt niederzulassen. Der Platz vor dem Palazzo wurde im 18. Jahrhundert geöffnet und nach beiden Seiten hin erweitert; dabei hielt man sich an die originalen Pläne. Sehr elegant macht sich die doppelte Reihe Kragsteine mit geglättetem Bossenwerk über dem Portal aus, der obere Teil aus Schmiedeeisen ist original.

6) KIRCHE VON SAN CRISTOFORO

Die schöne weiss-graue Marmorfassade der Kirche *San Cristoforo* befindet sich in einer Art Einbuchtung der Via Fillungo. Der Bau wurde im 12.Jahrhundert begonnen - die ersten Do-

---

DER "REBELLISCHE" STEIN DES PALAZZO

Im Volksmund wird von einem Stein aus dem ersten rechten Fensterpfosten des Palazzo berichtet, der "Wunderstein" oder "Teufelsstein" heissen soll, da er seltsamerweise gebogen ist, als wäre er aus Holz.
Nach der Legende ist der Stein gerundet, weil er nicht in seine ursprüngliche Position, d.h. in die Mauer, zurückwollte; an dieser Stelle soll nämlich ein Heiligenbild gewesen sein, das während der Umbauarbeiten dann leider verloren ging.

Palazzo Bernardini.

---

kumente sind von 1053 - und im folgenden vollendet; lediglich der obere Fassadenteil mit der grossen Rose und die kleinen Blendarkaden sind von Ende 14.Jahrhundert. Das romanische Innere ist von rechteckigen Pfeilern in 3 Schiffe geteilt, 4 Säulen stellen mittels eines grossen Bogens die Verbindung zum Presbyterium her. Hier befindet sich ein schönes Fresko mit einer Madonna aus dem 14.Jahrhundert. Am Fuss des Bildes eine Grabinschrift von Matteo Civitali für seine zwei jung verstorbenen Söhne. Auch sein Grabmal befindet sich hier in der Kirche. Die seltsamen Eisenbarren in der Fassade dienten für das Festlegen der Masse für die Kämme, Tempel und Klemmen der Webstühle von Lucca. Hier hatte früher nämlich die Università dei Mercanti (eine Art Handelshochschule) ihren Sitz, und ihrem Vorsteher verdanken wir, dass er sie aussen an der Kirche anbringen liess.

Vor der Kirche steht der Turm Torre del Travaglio und das mittelalterliche Wohnhaus von Matteo Civitali. Das Haus ist auch unter dem Namen Casa die Monna Vanna bekannt; es wurde 1925 im Zuge der von der Stadt begonnen Generalrestaurierung zur Wiederherstellung des mittelalterlichen Stadtbildes mitrestauriert, da Karl Ludwig von Bourbon Mitte 19.Jahrhundert die meisten Gebäude der Stadt verputzen hatte lassen.

≈≈≈

7) TORRE DELL'ORE

Von Via Fillungo aus sieht man schon von weitem einen der Anhaltspunkte im Stadtpanorama herausragen: Es ist dies der Uhrturm, la *Torre dell'Ore*, der wahrscheinlich gerade wegen seiner 1471 angebrachten Uhr erhalten geblieben ist. Von den zahlreichen Geschlechtertürmen - (den Dokumenten nach gab es circa 130, aber wahrscheinlich sind es mehr), die jede adlige Familie neben ihrem Haus hatte, sind heute nur noch der von der Villa Guinigi erhalten und der im 12. Jahrhundert erbaute Uhrturm. Die Geschlechtertürme erlitten leider oft dasselbe Schicksal wie ihr Besitzer: wenn sie ruiniert oder geächtet waren, wurden sie abgerissen oder abgebaut, zur Zeit des Castruccio Castracane fand das Material für den Bau der Festung Augustus wieder Verwendung. Ursprünglich wurde der Turm *Torre della Lite* genannt, da er Streitobjekt gegnerischer Familien war. In der Nähe des Turms stehen mehrere Wohnhäuser, le Case dei Barletti aus dem 13.Jahrhundert, die dem typisch mittelalterlichen, angrenzenden "chiasso" (enges Gässchen) den Namen geben und eines der besten Beispiele der Bürgerhäuser und ihren trutzigen Türme sind.

≈≈≈

8) PALAZZO TRENTA

Palazzo Trenta ist der älteste, in seiner ursprünglichen Form erhaltene Palast aus der ersten Hälfte des 15.Jahrhunderts. Er wurde nach völlig neuen Bauprinzipien errichtet, z.B.fehlen die den Raum zur Strasse vergrössernden Bogengänge, wie sie viele andere Bauten besitzen.

Man entschliesst sich nun für eine geradlinige und glatte Fassade, wobei aber das Gurtgesims unter den Fenstern des ersten Geschosses beibehalten wird. Die grossen und breiten Fenster

Oben: **San Cristoforo** - *Detail des verzierten Hauptportals.*
Unten: *Der mittelalterliche* **Torre dell'Ore.**

stellen eine der Neuerungen dar, da sie der Dimension der Fassade mehr Gewicht beilegen, die nun den Verlauf der Via Fillungo korrigiert und sich gleichzeitig ihrem unmerklichen Winkel anpasst. In der Nähe liegt die Kirche *Sant'Agostino* aus dem 14. Jahrhundert, ihr Glockenturm wurde auf den Bogen des ehemaligen römischen Amphitheaters errichtet, dessen Reste in verschiedenen Wohnhäusern in Via S. Sebastiano und in Piazza delle Grazie zu finden sind.

VIA FILLUNGO, DAS HERZ LUCCAS

Die Via Fillungo zieht sich durch das ganze Zentrum der Stadt; der Name wird von dem zum Besitz der Familie Falabrina gehörenden Castello di Fillongo in Garfagnana abgeleitet, die hier in dieser Strasse mehrere Gebäude besass. Sie bildet die Querachse der Stadt, auf der sich das ganze Stadtleben abspielt. Sie ist die Einkaufsstrasse und bevorzugte Promenade der Luccheser innerhalb der Mauern. In ihrer Planimetrie und Raumverteilung zeigt die Strasse einen gleichmässigen Verlauf ohne grosse Unterbrechungen und zieht sich durch den Stadtkern, manchmal leicht geknickt und kurz unterbrochen, dann wieder breiter oder schmaler. Sie wird als "langes, schwankendes Band" bezeichnet, auf dem vom 13. Jahrhundert an eine lange Reihe von Veränderungen und Angleichungen an den Bauwerken aufeinanderfolgte, die aber immer ein harmonisches Bild ergaben. Die relativ engen Strassenzüge geben dem Ganzen eine Art Vertrautheit und lassen manchmal das Gefühl entstehen, als schlenderte man im Inneren eines Hauses. Die Geschäfte, die sie säumen, sind für die Einwohner immer mehr als nur Handelsplatz gewesen. Sie sind Orte, an denen man sich trifft, sich beim Bummeln die Zeit vertreibt, sie sind so fester Bestandteil der Bauten und des städtebaulichen Gepräges, als gehörten nicht nur die Strassen zum Strassenbild, sondern auch die Geschäfte. Auch die Cafés entlang der Strassen waren für die Stadtgeschichte und vielleicht auch für die italienische Literaturgeschichte des 19. Jahrhunderts von Bedeutung: Das berühmte Café Di Simo auf halber Höhe von Via Fillungo aus dem 19. Jahrhundert war in den Vierziger Jahren abends Treffpunkt für Literaten wie Giuseppe Ungaretti, Giuseppe De Robertis, Enrico Pea, Guglielmo Petroni, deren literarisches Schaffen sicherlich Spuren in der Geschichte des Novecento hinterlassen hat. Ein Bummel durch diese Strasse ist sicher ein Weg, sich einen Einblick in die Geschichte dieser Stadt, in ihr bewegtes öffentliches Leben und in das private ihrer Bürger zu verschaffen: Viele Gebäude haben das Glück und Unglück seiner Besitzer erlebt, die Kunstwerke vieler Kirchen zeugen noch heute von der Liebe zur Stadt, hier liegt der Grossteil der Geschäfte, die ungeheuer wichtig sind für eine Stadt, deren Reichtum sich auf Weberei und Handel gründet. Wenn es daher eine Strasse gibt, die die Geschichte der Stadt erzählen kann, so ist das sicherlich Via Fillungo.

Via Fillungo.

UMGEBUNG VON LUCCA
DIE LUCCHESER VILLEN

Die charakteristische "Villa" kennzeichnet die Umgebung Luccas sechs Jahrhunderte lang, bis sie zu einem der bedeutendsten und typischen Elemente der Hügellandschaft und der Ausläufer der Hügel in der Umgebung Luccas wird. Sie entsteht als Landvilla des wohlhabenden Handelsbürgertums, das sich lieber mit der geschickten Leitung eines Landguts beschäftigt, als ihren Wohlstand zur Schau zu stellen. Das eindrucksvolle Ausmass dieses geschichtlich-künstlerischen Phänomens - man spricht von beinahe 600 Villen - stellt unter allen seinen Aspekten ein achtungswürdiges Kulturgut dar.

Die Blütezeit dieser Bauten wird im 16.Jahrhundert erreicht, damals werden die meisten Villen gebaut. Die Villen haben einen rechteckigen Baukörper - manchmal mit vorgerückten Eckflügeln - einen gepflegten Garten, eine Loggia an der Rückseite; vom grossen Saal im ersten Stock der Villa gehen die übrigen Zimmer aus.

VILLA REALE DI MARLIA

Die Villa war schon Residenz des Fürsten von Tuszien, ging dann auf die Familie Avvocati über, war später im Besitz der reichen Familie Buonvisi, um nach ihrem wirtschaftlichen Niedergang 1651 schliesslich von der Familie Orsetti übernommen zu werden. Sie wurde erneuert und es wurde eine unvergessliche Gartenanlage geschaffen. Von diesen Arbeiten ist kaum mehr etwas zu sehen, die wenigen Bilddokumente zeigen einen typischen Renaissance-Stil. 1811 kaufte die

Villa Reale di Marlia.

Luccheser Fürstin Elisa Baciocchi die Villa von der Familie Orsetti und liess sie in eine königliche Residenz umwandeln. Es fanden radikale Veränderungen statt, wenn auch die ursprüngliche Grösse beibehalten wurde. Kragsteine und Bossenwerk machten einem glatten Gurtgesims Platz, die Rückseite erhielt einen Portikus mit einer Terrasse; im Inneren wurden die Zimmer völlig neu angeordnet und umgebaut, neue grosse Säle kamen dazu, alles strengstens neoklassisch. Einen grossartigen Eingang bildeten zwei kleine Gebäude im streng napoleonischen Stil, die in einen grossen, halbkreisförmigen Innenhof mit gepflegten Hecken und Marmorvasen führen. Um den Stadtpalast besser mit dem Landsitz verbinden zu können, liess Elisa Baciocchi in der Stadtmauer die Porta Elisa öffnen, die Strassen Via Pesciatina und Stradone di Marlia anlegen: die Villa war dann auf einer geraden Strecke schnell erreichbar und heisst seit damals Villa Reale. Der Garten aus dem 17. Jahrhundert wurde in seiner ursprünglichen architektonischen Anlage und szenischen Gestaltung nicht verändert, während er wohl stark vergrössert und im "englischen Stil", der damaligen Mode entsprechend, angelegt wurde. Hinter dem Haus blieben das Brunnenbecken und die Wasserwerke, auch die räumliche Anordnung des Zitronengartens, des Brunnens und des mit Pflanzen und Hecken versehenen Barocktheaters, der Palazzina dell'Orologio.

Das tiefer gelegene Grundstück mit der "Villa del Vescovo"und ihrem grossen Park wurden angegliedert, auf diese Weise verlängerte sich enorm die Perspektive auf die Hauptfassade des Palazzo. Das Areal davor war nun zweimal so gross wie früher, wurde mit einer grossen Wiese und einem Wäldchen begrünt und erstreckte sich sanft abfallend bis zu einem kleinen See. Der Gebäudekomplex und der Park sind noch heute gut erhalten; dieser wurde vor kurzem für Besucher geöffnet und ist auch Ort für Musikveranstaltungen, die auf dieser "Freilichtbühne" stattfinden, in dem man schon damals einen oft von der Familie Baciocchi eingeladenen Gast sah: Nicolò Paganini.

VILLA MANSI

Villa Mansi in Segromino ist wahrscheinlich die bekannteste der Luccheser Villen. In der zweiten Hälfte des 16. Jahrhunderts erbaut, führte der Architekt Muzio Oddi 1635 entscheidende Erneuerungen durch, indem er die Fassade erweiterte und ihr ein neues Aussehen verlieh. Abt Gian Francesco Giusti liess später die Fassade noch ausarbeiten und auf die Balustrade Statuen aufstellen, Filippo Juvarra erneuerte im 2.Viertel des 18.Jahrhundert den Park: auf optisch sehr effektvolle Weise wechselten sich gekreuzte und erweiterte Perspektiven ab; die Absätze des Terrains wurden durch sanft abfallende Abhänge ausgeglichen, die Wasserläufe harmonisch entlang der künstlerisch gestalteten Gartenwege stilisiert; neue Gärten mit elegant gestutzten und abgeschlossenen Heckengruppen wurden angelegt. Die im 19.Jahrhundert unternommenen Neuerungen beseitigten beinahe vollständig das Werk des sizilianischen Architekten und gaben der Parkanlage, dem Geschmack der Epoche entsprechend, ein

Villa Mansi in Segromino - Die elegante Fassade.

natürlicheres Aussehen. Im Inneren der Villa sehenswert: Fresken mit mythologischen Szenen von Tofanelli, Gemälde von Pompeo Batoni und von Longhi, einige Landschaften von Salvator Rosa und eine Sammlung kleiner Bronzewerke aus dem 16. und 17.Jahrhundert. Die Möbel sind im klassizistischen Stil, der zur Zeit des napoloenischen Fürstentums sehr beliebt war.

VILLA TORRIGIANI

In Camigliano liegt die eindrucksvolle Villa Torrigiani, deren Baukern aus dem 16. Jahrhundert dann im 17.Jahrhundert erneuert wurde. Beginn 18.Jahrhundert wurde wahrscheinlich nach einem Entwurf von Muzio Oddi ein neuer Bau errichtet. Stärker als bei allen anderen Villen kommt hier das Verhältnis von Architektur und Natur zum Ausdruck durch den doppelten, ca. 700 m langen Eingangsviale, dessen Zypressenallee den Blick auf die Villa und das stattliche Portal als Kulisse einfasst. Die reiche und mannigfaltige Fassade zieren Statuen, Nischen, Vertiefungen und Balkone; das unterschiedliche Baumaterial wie Sandstein, Tuffstein, grauer Stein und weisser Marmor ergeben angenehme Farbkontraste und lockern sie auf. In dieser Hinsicht stellt die Villa sicherlich eine Ausnahme im Luccheser Villenbau dar, die ja im allgemeinen im Baustil des 16.Jahrhunderts gebaut wurden und deren einziges Merkmal der Portikus auf der Rückseite ist.

Das Innere zeigt zwei ungewöhnliche Treppen mit elliptischem Grundriss, die von oben einfallende Beleuchtung schafft ein eindrucksvolles Bild. Die

Möbel und der Dekor sind barock, es gibt Fresken und Gemälde von Pietro Scorzini und Vincenzo Dandini, von dem die Wandtafeln im zentralen Saal mit der *Schlacht der Amazzonen gegen die Römer, Aurelian's Triumph über die Königin Zenobia* und auf der Decke die *Apotheose des Aurelian* stammen.

Der Garten der Villa ist bestimmt eine der wichtigsten und gelungensten Neuerungen in der Luccheser Gartenbaukunst. Er ist über terrassenartige Absätze angelegt, mit seinen verschiedenen Teilen gesondert und jede einzelne Räumlichkeit eingefasst, als hätte er Zimmer: Der Blumengarten ist in streng gezeichnete Beete gegliedert und beginnt beim Nympheum; grossartige, für die damalige Zeit kompliziert gebaute Wasserspiele beleben ihn. Im hinteren Teil wird er dort, wo die beiden Treppenrampen zum Fischteich führen, allmählich breiter. Wasserbecken mit verschiedenen Formen und ein runder Brunnen auf der Rückseite der Villa verschönern das Ganze.

Villa Torrigiani.

DIE FESTUNGEN NOZZANO UND MONTECARLO

Nur *Nozzano* und *Montecarlo* sind von den Festungen erhalten, die Lucca als Vorburgen zur Verteidigung gegen Anstürme der Pisaner und Florentiner errichten liess.

Nozzano ist eine befestigte Burg als Bollwerk des rechten Serchio- Flussufers auf einem Kalksteinfelsen erbaut, der aus der Ebene gegenüber der mächtigen Pisaner Festung Ripafratta herausragt. Die turmreiche Trutzburg wurde im 14. Jahrhundert auf dem den Ort dominierenden Hügel erbaut. Einer der alten Festungstürme wurde zum Glockenturm der Kirche umgebaut.

Montecarlo, eine auf einem Hügel gelegene Festung, ist ein Zentrum des Weinbaus, des köstlichen Weissweins dieses Gebiets. Unverändert sind die Festung mit ihrem alten Wachturm, der Torrione del Cerruglio, dem Stadtkern aus dem 14. Jahrhundert und den von den Medici im 16. Jahrhundert ausgeführten Erweiterungen, als sich die Florentiner der Stadt bemächtigten. Die mittelalterlichen Mauern, die Tore sind noch erhalten, auch die gepflasterten Strassen mit ihren Häusern und Läden, Päläste und ein kleines Theater aus dem 18.Jahrhundert. Ein Besuch lohnt sich, auch wegen des wundervollen Panoramas, das man vor hier aus über Weinberge, Olivenhaine und die Wälder der Val di Nievole geniesst.

Besondere Beachtung verdient *Altopascio*, eine Burg mit bewehrter Stadt, die von einem der mächtigsten und vom Stil her perfektesten Glockentürme der Luccheser Region beherrscht wird. Schon von weitem erkennbar, war er ein wichtiger Anhaltspunkt für Wanderer, die sich verirrt hatten. Die Glockenschläge der "Smarrita" klingen noch im Ohr, die Glocke, die bei Anbruch des Abends noch eine Stunde für Reisende geläutet wurde, die in den Sümpfen und nahegelegenen Wäldern von der Finsternis überrrscht, auf diese Weise sicher und heil die Stadt erreichen konnten. Baubeginn der Burg war um das Jahr 1000, als man sie zum Schutz der bedeutenden Via Francigena, der Frankenstrasse, errichtet hatte, die schon zur Zeit Karls des Grossen die Verbindungsstrasse Nordeuropas mit Rom, dem Zentrum des Christentums war.

Die Festung war somit eine Rast-und Zufluchtstätte für Pilger und Reisende, die im Falle einer Krankheit im "Hospitale" Pflege fanden; es wurde eigens dafür vom Ritterorden Tau gebaut.

***

BORGO A MOZZANO

Die Garfagnana hinauf liegt der freundliche Ort *Borgo a Mozzano*. In der Pfarrkirche *San Jacopo* sind einige Holzskulpturen sehenswert, darunter ein Tabernakel aus Ende 16.Jahrhundert und eine Statue von Matteo Civitali. Auch einige Statuen der Della Robbia Schule aus mehrfärbiger Terrakotta. Im Oratorium del Crocifisso ist ein Holzkruzifix aus dem 16. Jahrhundert zu sehen, aus dieser Epoche stammen auch einige Terrakotta-Statuen.

Ausserhalb des Ortes überspannt eine malerische Brücke im hohen Bogen den Serchio-Fluss, die Ponte della Maddale-

Die Brücke della Maddalena.

na, eigentlich Ponte del Diavolo genannt, aus dem 14.Jahrhundert mit vier gewagten, asymmetrischen Bogen. Sie wurde unter Markgräfin Mathilde von Canossa im 11. Jahrhundert begonnen.

BAGNI DI LUCCA

Bagni di Lucca, ein renomiertes Thermalbad liegt am Fusse des Hügels Colle di Corsena und umfasst mehrere verstreute Gemeinden entlang des Lima-Flusses. Darunter Ponte a Serraglio, eine Gemeinde den Fluss entlang an der Brücke gelegen, die von Castruccio Castracani 1317 erbaut wurde, und daneben Bagni Caldi, Hauptkomplex des Kurortes mit warmen Bädern. Die Wassertemperatur der schwefelhältigen und radioaktiven Quellen schwankt zwischen 39 und 54 Grad Celsius. Die schon seit dem Mittelalter bekannten Thermalwasser brachten den Bädern im letzten Jahrhundert grossen Ruhm. Der Kurort wurde zum Aufenthalt für Luccheser Adelige, und viele Schriftsteller, Dichter und Künstler: Montaigne, Lord Byron, Heine, Carducci und D'Azeglio verewigten in ihren Werken ihren angenehmen Aufenthalt an diesem reizenden Ort.

Unzählige Touristen besuchen diesen Ort jedes Jahr, besonders Engländer, die hier einen riesigen Friedhof und eine anglikanische Kirche errichtet haben.

BARGA

Im mittleren Serchio-Tal in der Garfagnana liegt das Städtchen Barga. Im 10. Jahrhundert wurde die Luccheser Familie Rolandinghi (oder Rolandini) mit dem Ort belehnt und erhielt von der Markgräfin Mathilde von Canossa 1090 Privilegien, die sie auch unter Kaiser Barbarossa beibehielt. Die Luccheser, Pisaner und Florentiner stritten sich um das Städtchen, bis es schliesslich um die Mitte des 14.Jahrhunderts an Florenz kam und bis 1847 dabei blieb. Man betritt die Stadt bei *Porta Reale*, ein aus der Della Robbia Werkstatt geschaffenes Tor in Terrakotta mit einer *Madonna mit Kind und Engeln*. Der Dom in Piazzale dell'Arringo wurde - wie viele andere toskanische Kirchen - in mehreren Baugängen errichtet und im Laufe des 9. und 14.Jahrhunderts umgebaut, die Seitenkappellen sind später datiert. Im Laufe der Zeit wurde er auch anders ausgerichtet, sodass an der Stelle, wo früher die Hinterseite war, heute die Fassade steht. Diese zeigt sich im reichen romanischen Stil mit einem doppelreihigen, vergoldeten Rundbogenfries. Der interessante Architrav über dem Seitenportal zeigt eine Tischszene, er wird dem Biduino (12. Jahrhundert) zugeschrieben. Daneben erhebt sich der schöne, zinnenverzierte Glockenturm.

Der Innenraum ist 3-schiffig und von Pfeilern unterteilt. Das Mittelschiff wird von einer prächtigen Kanzel aus dem 12.Jahrhundert beherrscht. An den Seiten schöne Reliefs mit einer *Verkündigung* und einer *Geburt Christi*. Sie steht auf 4 roten Marmorsäulen, von denen die hinteren auf dem Rücken eines hockenden Bärtigen aufsitzen, während die vorderen von Löwen getragen werden. Die schönen Marmorschranken des Presbyteriums stammen aus dem 13. Jahr-

hundert, in der Apsis steht eine grossartige Holzstatue eines *hl. Christophorus*. Die Sakramentskappelle ist mit wunderbaren Terrakottaarbeiten aus der Della Robbia Werkstatt geschmückt. Die Fresken in der Kirche sind aus dem 14.Jahrhundert aus der Schule des Bigarelli.

Links vom Dom erhebt sich der Palazzo Pretorio aus dem 14.Jahrhundert, in der Loggetta del Podestà ist die *Mostra Preistorica della Garfagnana* (Ausstellung prähistorischer Funde in der Garafgnana) untergebracht, es sind Grabbeigaben und Fossilien aus der Altsteinzeit zu sehen, die in dieser Zone ans Licht gebracht wurden. Wenig ausserhalb des Städtchens die Kirche *San Francesco* aus dem 16. Jahrhundert, man betritt sie durch den Kreuzgang. Im Inneren einige Altäre aus der Della Robbia-Werkstatt.

COREGLIA ANTELMINELLI

In der Garfagnana liegt auch noch ein anderer interessanter Ort, *Coreglia Antelminelli*. Die schöne Kirche San Michele stammt aus dem 13. Jahrhundert, wurde aber mehrmals umgebaut. In der Mitte der Fassade ein schöner *hl.Michael*, er wird Matteo Civitali zugeschrieben. Im Inneren eine sehenswerte *Verkündigung* aus dem 14. Jahrhundert. Im Ortskern die alte Kirche *San Martino* aus dem 9. Jahrhundert, ein schöner *Palazzo Comunale* mit typischer Renaissance Fassade und *Palazzo Rossi*, in dem eine Ausstellung für Völkerkunde untergebracht ist.

CASTELVECCHIO PASCOLI

In diesem Ort wurde der italienische Dichter Giovanni Pascoli geboren und hier verbrachte er auch die letzten Tage seines Lebens. Auf einem Hügel gebaut, war sein Haus für ihn immer eine Oase des Friedens gewesen, die ihn neben anderen Werken auch zur Sammlung "I Canti di Castelvecchio" inspirierten. Seine letzte Ruhestätte fand er in der Kappelle neben dem Haus, hier liegt auch das Grab seiner Schwester Maria.

⚜

TORRE DEL LAGO PUCCINI

In der Nähe von Lucca befindet sich der Lago di Massacciuccoli mit dem modernen Städtchen Torre del Lago. Ein Ort, den man unbedingt besuchen sollte, um die Stätten zu sehen, die Giacomo Puccini zu vielen seiner Opern inspirierten. An den äussersten Ausläufern der Apuanischen Alpen gelegen, wählte der Meister genau diesen Ort, um in Ruhe komponieren zu können. Hier kann man sein in Museum umgewandeltes Haus besichtigen, in dem die Möbel, Haushaltsgegenstände und Andenken stehen, mit denen sich der Maestro gern umgab. Ein Raum des Hauses wurde zum Mausoleum eingerichtet, in dem er beigesetzt ist.

⚜

VIAREGGIO

Viareggio ist das grösste Seebad der Versiglia und berühmt für seine Strände, schattigen Pinienwälder, den Hafen und vor al-

---

Torre del Lago Puccini - Massaciuccoli - See.

Giacomo Puccini.

lem für seinen Karneval. 1170 war Viareggio ein Luccheser Castrum mit einem wichtigen Wachturm zum Schutze der Via Regia (daher sein Name). Zwischen dem 18. und 19.Jahrhundert unter den Bourbonen vergrösserte es sich zunehmend, insbesondere unter der Herrschaft Maria Luisa von Bourbon. Die prachtvollen Hotels und unzähligen Badeanstalten wurden erst zu Beginn dieses Jahrhunderts gebaut. Der ehemalige Palazzo Comunale ist heute Palazzo delle Muse, in dem das *Museo Archeologico* C.A.*Blanc* untergebracht ist. Verschiedene Exponate, die während in diesem Gebiet durchgeführter Grabungen ans Licht kamen, werden ausgestellt. Besonders sehenswert die Reste eines etruskischen Pfahlbauten-Dorfs aus dem 8. und 3.Jahrhundert v.Chr. Darunter mehrere kleine Holzstatuen, Keramiken und Bronzewerke aus der Ortschaft San Rocchino di Campo Casali. Ausserdem sind Grabbeigaben zu sehen, die aus den Grotte di Pian Mommio stammen, und viele andere Funde aus der Altsteinzeit, der Bronzezeit und der Kupferzeit.

Viareggio - Der hafen.

PRAKTISCHE INFORMATIONEN

FREMDENVERKEHRSAMT LUCCA
Piazza Guidiccioni 2
Tel. 0583/ 491205

ASSESSORAT FÜR DEN FREMDENVERKEHR - GEMEINDE LUCCA
Vecchia Porta S.Donato Pl.e Verdi
Tel. 0583/ 442935 -36

PROVINZ LUCCA - TOURISTEN INFORMATION
Cortile degli Svizzeri Tel. 0583/ 4171

TRANSPORTE

BUSBAHNHOF - AUTOBUSLINIEN LUCCA C.L.A.P.
P.le Verdi Tel. 0583/ 587897

LAZZI
P.le Verdi Tel. 0583/ 584876

BAHNHOF LUCCA
Piazza Ricasoli Tel. 0583/ 47013

FAHRRADVERLEIH
Bollwerk - Kaserne San Donato
(Stadtmauer) Tel. 0583/ 442935

TAXIUNTERNEHMEN
Piazza Napoleone Tel. 0583/ 492691
Piazza Stazione Tel. 0583/ 494989
P.le Verdi Tel. 0583/ 581305
Piazza S.Maria Tel. 0583/ 494190
Campo di Marte
(Krankenhaus) Tel. 0583/ 950623

FLUGHAFEN VON LUCCA E. SQUALIA
Tassignano (Capannori) Tel. 0583/ 936062
(Rundflüge für Touristen - Gütertransport im Inland - Luftfahrzeuge - Helikopter Executive Flugzeuge - Flugtaxi Service - Flugrettungsdienst per Helikopter oder Flugzeug)

ÖFFENTLICHE EINRICHTUNGEN

POST - UND TELEGRAPHENAMT
Via Vallisneri 2 Tel. 0583/ 46669

ÖFFENTLICHER TELEFONDIENST
Via Cenami 19 Öffnungszeiten: 7 - 23

POLIZEI
Via Cavour 38 Tel. 0583/ 4551

CARABINIERI
Cortile degli Svizzeri 4 Tel. 0583/ 47821

STADTPOLIZEI
Via S.Giustina 32 Tel. 0583/ 442727

A.C.I. AUTOMOBILCLUB ITALIEN
Via Catalani 59 Tel. 0583/ 582626

STRASSENPOLIZEI
Via Pisana 46 Tel. 0583/ 312555

FUNDBÜRO
c/o Gemeinde Lucca
Ufficio Economato - Via C.Battisti 10
Tel. 0583/ 442388

ALLGEMEINES KRANKENHAUS LUCCA
Via dell'Ospedale Tel. 0583/9701

MUSEEN UND SONSTIGE SEHENSWÜRDIGKEITEN

MUSEO DELLA CATTEDRALE
Piazza del Duomo Tel. 0583/ 490530
Montags geschlossen
Öffnungszeiten: November - April 10 - 13; 15 - 18, Mai - Oktober 9.30 - 18

Reservierung für Gruppen erforderlich

MUSEO DEL RISORGIMENTO
Cortile degli Svizzeri 6 Tel. 0583/ 91636
Besuch nur auf Voranmeldung 2 Tage vorher

MUSEO NAZIONALE DI VILLA GUINIGI
Via della Quarquonia
Tel. 0583/ 496033
Öffnungszeiten: Dienstag - Sonntag 9 - 14, Montags, Weihnachten, Neujahr, 1. Mai geschlossen

PINACOTECA NAZIONALE E MUSEO DI PALAZZO MANSI
Via Galli Tassi Tel. 0583/ 55570
Öffnungszeiten: Wochentage: 9 - 19, Sonntags: 9 - 14, Montags, Weihnachten, Neujahr, 1.Mai geschlossen

TORRE GUINIGI
Via Sant'Andrea (Palazzo Guinigi)
Tel. 0583/ 48524
Öffnungszeiten: November - Februar 10 - 16.30, März - September 9 - 19.30, Oktober 10 - 18

CASA NATALE DI GIACOMO PUCCINI E FONDAZIONE PUCCINI
(Puccini-Geburtshaus und Stiftung Puccini)
Corte S. Lorenzo 9 (Via die Poggio)
Tel. 0583/ 584028
Montags geschlossen, Öffnungszeiten:
15 März - 30 Juni 10/13 - 15/18, 1 Juli - 31 August 10/13 - 15/19, 1 September - 15 November 10/13 - 15/18, 16 November - 31 Dezember 10/13.

VILLA BUONVISI (JETZT VILLA BOTTONI)
Öffentlicher Park - Via Elisa
Tel. 0583 / 442140
Öffnungszeiten: 9 - 13.30

HOTELS

PRINCIPESSA ELISA
S.Statale del Brennero 1952 (3 km ausserhalb von Lucca) Tel. 0583/ 379737

GRAND HOTEL GUINIGI
Via Romana 1247 Tel. 0583/ 4991

NAPOLEON
Viale Europa 536 Tel. 0583/ 316516

VILLA LA PRINCIPESSA
S.Statale del Brennero 1616
Massa Pisana (3 km ausserhalb von Lucca)
Tel. 0583 / 370037

VILLA S.MICHELE
Via della Chiesa 462 - S.Michele in Escheto
(4 km ausserhalb von Lucca)
Tel. 0583/ 370276

CELIDE
Viale Giusti 25 Tel. 0583/ 954106

LA LUNA
Via Fillungo Ecke Corte Compagni 12
Tel. 0583/ 493634

PICCOLO HOTEL PUCCINI
Via di Poggio 9 Tel. 0583/ 55421 - 53487

REX
Piazza Ricasoli 19 Tel. 0583/ 955443/4

SAN MARCO
Via S. Marco 368 - Località S.Marco
Tel. 0583/ 495010

UNIVERSO
Piazza Puccini 1   Tel. 0583/ 493678

MODERNO
Via V.Civitali 38   Tel. 0583/ 55840

RESTAURANTS

ANTICO CAFFÈ DELLE MURA
Piazza Vittorio Emanuele 2
    Tel. 0583/ 47962

ANTICA LOCANDA DELL'ANGELO
Via Pescheria   Tel. 0583/ 47711

BUATINO
Via Borgo Giannotti 508   Tel. 0583/ 343207

BUCA DIE S.ANTONIO
Via della Cervia 3   Tel. 0583/ 55881

GIGLIO
Piazza del Giglio 2   Tel. 0583/ 494058

GIULIO IN PELLERIA
Via delle Conce 47   Tel. 0583/ 55948

ALL'OLIVO
Piazza S.Quirico 1   Tel. 0583/ 46264

GLI ORTI DI VIA ELISA
Via Elisa 17   Tel. 0583/ 491241

SOLFERINO
Via delle Gavine 50 - S.Macario in Piano
    Tel. 0583/ 59118

TEATRO
Piazza Napoleone 25   Tel. 0583/ 493740

LUCCA UND SEINE UMGEBUNG
LUCCHESER VILLEN

VILLA MANSI
Segromigno in Monte   Tel. 0583/ 920234
Montags geschlossen Öffnungszeiten: Winter: 10 - 12.30; 15 - 17, Sommer: 10 - 12.30; 15/19

VILLA REALE MARLIA
    Tel. 0583/ 30108
Montags geschlossen Garten: geöffnet von: 1. März - 30. November Besuch der Villa nur auf Voranmeldung

VILLA TORRIGIANI
Camigliano   Tel. 0583/ 928008
Öffnungszeiten: 1.März - 5. November: 10 - 12; 15 - 18, Dienstags geschlossen, Öffnungszeiten während der Sommerzeit: 10 - 13; 15 - 19. 6. - 30. November und an Feiertagen im Dezember, nur Gruppen, (Voranmeldung erforderlich), Januar und Februar Geschlossen.

BERÜHMTE HÄUSER

CASA DEI PUCCINI
Celle Puccini (Pescaglia)   Tel. 0583/ 359154
Öffnungszeiten: Samstags und Sonntags: 15 - 19 an Wochentagen nur auf Voranmeldung

CASA PASCOLI
Castelvecchio Pascoli   Tel. 0583/ 766147
Montags geschlossen Öffnungszeiten: Winter: 10 - 13; 14.30 - 17, Sommer: 10 - 13; 15 - 18.30

MUSEEN UND STÄNDIGE AUSSTELLUNGEN

MUSEO CIVICO DEL TERRITORIO DI BARGA
(Städtisches Museum - Austellung über das Gebiet von Barga) Piazzale Arringo - Barga
    Tel. 0583/ 711100
Montags geschlossen Öffnungszeiten: Sonn-

tags: 10.30 - 12.30; 15 - 17, Juli - August: 10.30 - 12.30; 16.30 - 19

MUSEO DELLA FIGURINA DI GESSO E DELL'EMIGRAZIONE
(Ausstellung von Gipsfiguren und Geschichte der italienischen Auswanderung) Palazzo Vanni Coreglia Antelminelli
    Tel. 0583/ 78082
Sonntags geschlossen Öffnungszeiten: Winter: an Wochentagen 8 -13, Sommer: an Wochentagen 8 - 13, Feiertage (Sonntage ausgenommen) 10 - 13;16 - 19

MOSTRA PERMANENTE ARCHEOLOGICA
(Ständige archeologische Ausstellung) Via Vallisneri 8 - Castelnuovo Garfagnana Öffnungszeiten: November - Mai, Dienstags 9/13 - 15/18, Freitags 9/13.

MOSTRA ETNOGRAFICA PERMANENTE PER UN MUSEO CONTADINO DELLA PIANA DI LUCCA
(Ständige etnographische Ausstellung für ein Museum über die Bauern der Ebene Luccas)
Capannori   Tel. 0583/ 935808 - 935494
Auskünfte über die Öffnungszeiten der verschiedenen Abteilungen werden telefonisch erteilt

MUSEO CIVICO DI REPERTI ARCHEOLOGICI E CERAMICHE RINASCIMENTALI
(Städtisches Museum für archeologische Funde und Renaissance-Keramik) Untergebracht in der Rocca di Camporgiano (Provinz Lucca), auf Anfrage geöffnet
    Tel. 0583 / 618888

NATURSCHUTZGEBIETE UND ANDERE FREMDENVERKEHRS - ATTRAKTIONEN DER PROVINZ LUCCA

PARCO NATURALE DEMANIALE DELL'ORECCHIELLA
Alta Garfagnana
Täglich im Sommer geöffnet
    Tel. 0583/ 619098
Gruppenbesuche sind während der restlichen Monate zu reservieren bei: Amministrazione Foreste Demaniali, Viale Giusti 65 - Lucca   Tel. 0583/ 955525

PARCO REGIONALE DELLE ALPI APUANE
Auskünfte bei den Centri di Accoglienza di Castelnuovo Garfagnana   Tel. 0584/ 757361

ORRIDO DI BOTRI
Bagni di Lucca - Frazione Montefegatasi

OASI DI CAMPOCATINO
Vagli Sotto
Auskünfte   Tel. 0583/ 664103

ORTO BOTANICO "PANIA DI CORFINO"
(Botanischer Garten)
Villa Collemandina (im Parco Orecchiella) Führungen vom 25. Juni bis 10.September täglich 9 - 12.30; 14.30 - 18

GROTTA DEL VENTO
(Tropfsteinhöhle)
Fornovolasco - Località Trimpello
    Tel. 0583/ 722024
Öffnungszeiten: 1. April - 15. Oktober, Täglich unterschiedlich lange Führungen,16. Oktober - 31. März: Öffnung der Grotte nur an Feiertagen, Fenstertagen; Weihnachten bis Neujahr mit verkürzten Öffnungszeiten. Gruppen nur auf Voranmeldung.

INHALTSVERZEICHNIS

Fotografien: Archivio Plurigraf - Arnaldo Vescovo
Luftaufnahmen Genrhmigung S.M.A. n.402 del 16-5-91

© Copyright by CASA EDITRICE PLURIGRAF
S.S. Flaminia, km 90 - 05035 NARNI - TERNI - ITALIA
Tel. 0744 / 715946 - Fax 0744 / 722540 - (Italy country code: +39)
Alle Rechte vorbehalten. Nachdruck - auch von Auszügen - verboten.
Druck: 1999 - PLURIGRAF S.p.A. - NARNI